ことば事始め

池内紀

亜紀書房

ことば事始め　目次

ことばの発見 I

ことばの発見 II

ことばの発見　Ⅲ
――手書きことば　115

ことばの発見　Ⅳ
――老語の行方　172

辞書は使いなれた『新明解国語辞典』（三省堂）を使用している。別の辞書を参照した場合のみ、その旨をしるした。

ことばの発見　I

ことば遊び

ずっとあとで知ったことだが、「ことば遊び」と呼ばれるものだったのだろう。もじりやシャレや掛けことばをきかして、ことば自体で遊ぶわけだ。

幼い私たちは、むろんそんなことは知らなかった。おもしろいから口にしたまでで、カンシャクもちの体操の先生は、「消し炭のタドンで、すぐにオコる」のだ。何で聞き覚えたのか、「いつも遊べば食うに困る」につづけて、「年の若いのに白髪《しらが》が見える」とわめき返したが、それが「地口」などと分類される用例だとは夢にも思わなかった。「お寺の坊さん、何してる」で始まるヘンテコな文句を、いまなお切れぎれに覚えている。ことば遊びの「早ことば」と呼ばれるたぐいだったにちがいない。息せき切って長いセリフを言い終わるやいなや、「夜とぎの坊さん、屁をこいた」とさけんで、ゲラゲラ笑いころげた。

昭和二十年代の半ばすぎで、テレビはまだなく、ラジオが日常の娯楽の王様だった。NHK一局だったところへ、民間放送がいっせいに産ぶ声をあげた。関西の城下町の少年には、性能の悪い真空管ラジオが魔法の箱だった。そこから驚くべきことばが送られてくるのだった。

NHKでは戦前からの漫才コンビ林田十郎と芦乃家雁玉《がんぎょく》が「上方演芸会」の司会をしていた。

「手前はどっかで見たような」

「そういや、どっかで見られたような」

テンポの遅い、もっちゃりした語り口だったが、ニワカ仕込みのとぼけたやりとりが、少年には奇妙に新鮮だった。

民放では当代きっての人気者、ダイマル・ラケットが「お笑い街頭録音」の司会をしていた。「パチンコは是か非か」、「亭主の浮気は許すべきか許さざるべきか」といった、もっともらしいテーマを立てて、街頭の意見を聴くという趣向だったが、駄ジャレをちりばめたダイ・ラケの合いの手が何よりの聞きものだった。

少年はとりわけ松鶴家光晴《しょかくやこうせい》・浮世亭夢若の「曾我物語」が大好きだった。

「恨みは永し十八年――」

「不倶戴天の父の仇《あだ》、向こうに見ゆる陣幕は――」

「これぞ余人にあらずして――」

「源家《げんけ》の頭領、源頼朝公の陣所なり」

「そのまた向こうに見ゆる陣幕は――」

「これぞ余人にあらずして――」

「灘の西門公《さいもんこう》の陣所なり」

「そのまた向こうに見ゆる陣幕は――」

「これぞ余人にあらずして――」

つまるところ流れるような弁舌で、いともおごそかに名前をあげていくだけなのに、それがなんともおかしくてならない。と同時に、どうしてそれがおかしくてたまらないのか、それが不思議でならなかった。

同じことばでありながら、自分たちの知っているのとは、まるきりちがった用向きで使われている。なんとヘンテコな使い方だろう！

ことばは本来、役に立つはずのものではないか。学校の勉強はいうまでもない。私たちは一日の大半、たいてい親からことばを受け取っていた。それはつねに具体的な効用をおびていた。「宿題は帰ったらすぐにすます」「風呂の水をくんでおく」「ウソをついてはならない」「早く寝ろ」。どのことばも、ちゃんとした意味をもち、はっきり用向きを伝えていた。

あるいは草野球のとき、下手っぴいのケイスケを、どちらのチームに押しつけるかでいつももめた。それでもともかく、試合開始にこぎつけたのは、ケイスケを押しつけるかわりに審判権を与えたりして、ことばのやりとりをかさねたからだ。

ところがラジオから流れてくることばは、まったく効用をもっていないのだ。無用のことばであって、勉強とも、親の言いつけとも、仲間の説得ともかかわりがない。人を励ますのではなく、さとすのでも、なだめるのでもなく、叱咤《しった》するのでもない。ちゃんとした日常とは何の関係もないのである。つまりが役立たずなのだ。まったくのところ、「そのまた向こうに見ゆる陣幕は」が何の役に立つというのだろう。「これぞ余人にあらずして」が無用のことばであることは、火を見るよりもあきらかだった。

にもかかわらず、おもしろくてならず、こよなく自分たちをたのしませてくれる。ことばそのものが、どんどんひとり歩きして、つみかさなるほどにおかしさが増していく。自分たちの知っていることばとは、全然ちがった効用をおびているらしいのだ。少年は、そんなことばに目をみはった。

それは「発見」というのにひとしかった。実際、途方もない発見だった。まるきり役立たずのくせに、役に立つことばよりも何倍もおもしろいのだ。意味もないのに意味のあることばよりも、はるかに意味深く思われる。それはまるで首尾よくつかまえたトンボのように、手の中でカサコソ動きまわって、こそばゆい。しかもこれはトンボ釣りほど難しくないのである。自分たちの知っていることばに、ほんの少し手を加えさえすればいい。

「下駄屋のオヤジは内閣草履大臣」で、「北に近けりゃ、南に遠いのだ」「見るはいっとき、見ざるもいっときき、さるのおけつはまっ赤でござる」。学校の先生からおそわるのとはちがって、こちらはいちど聞くと即座に覚えてしまって、二度と忘れない。心理学者はどういうか知らないが、いってみれば、いままで知らなかった「ある一点」に立ったかのようなのだ。そこから、はるかなことばの野がひらけている。

戦後まだまもないころで、誰もが貧しく、子どももまた家族の大切な働き手だった。庭そうじや、肥《こえ》くみや、風呂たきなど、子どもなりに朝から夜まで何らかの仕事があった。効用のあることばに追われていた。

しかし、もはやそんなものは何でもない。効用のあることばは一度目から二度目、二度目から三度目と効用を果たしていくうちに、急速に色あせ、たわいない記号になっていくのに対して、役立たずのことばは、いつまでたっても色あせない。少しも古びない。何度くり返してもくり返しとはならず、むしろおかしみをましていく。無意味の意味深い世界に根を下ろして、ますます大きくなっていく。

耳から仕入れただけではなかった。ひそかに自分の口で工夫して、おそるおそる組み合わせを変化させてみた。その一点から日常をながめると、何てことのない毎日が、ことのほか新鮮だった。この発見は少年を一気に、ある一つの世界へ導いたようなのだが、もとより当人は何ひとつ気づいていなかった。

昭和二十七年（一九五二）のことである。少年が父を亡くした年なので、よく覚えている。日航機「もく星」号が伊豆大島の三原山に墜落した。血のメーデー事件があった。ボクシングの白井義男が世界フライ級のチャンピオンになった。私たちは軍手に布きれをつめこんで、にわかボクサーになった。マンガ「少年ケニヤ」や「イガグリくん」に読みふけった。町では哀愁をおびた「上海帰りのリル」や「あざみの歌」がうたわれていた。

うるさい

新聞や雑誌の人生相談でおなじみである。ご近所が朝早くからうるさい。どう対応すればいいか、といった相談である。日常迷惑に思うことの調査によると、やはり騒音関係が一番らしい。

うるさい ㊀いつまでも・(断続的に) 耳や身につきまとうため、不快でたまらない感じだ。㊁自分にとってはどうでもいい事をわずらわしいまでに、強制(固執)したり必要以上に厳しかったりするので、出来るなら相手から逃避したい気持だ。

生まれて初めて「うるさい」を辞書であたったわけだが、同じうるさいでも対応の仕方が大きくちがう。㈡は明快で、「相手から逃避」とあるとおり、さっさと逃げ出すにかぎる。まともに応対しようものなら、疲れて腹が立つだけ。たいていこの手のうるさいタイプは、言葉づかいですぐにわかるもので、適当に受け流して、それからやおら――実際にあろうとなかろうと――「急ぎの用」を思い出せばいいのである。

㈠の場合を身近な例で言うのだが、わが家の向かいの家はテラスを改造して、シベリアン・ハスキー犬を飼っている。仔犬のときのしつけが足りなかったのか、夜ふけ、夜明けに吠えたてる。なにしろ図体が大人にあまるほど大きいので声に迫力があり、寝入りばなを起こされたりする。

東隣りは乗用車専門の板金《ばんきん》塗装業で、仕事がこんでくると小さな工場は早朝から稼働している。ヘコんだ車体を叩いたり、シンナーの臭いが流れくる。

西隣りは安手のマンションで、二階の角部屋に学生が住んでいる。仲間が集って、夜遅くまで騒いでいることがある。窓を通してドッと笑いが起きたりする。

対処の仕方は簡単である。

犬の吠え声で目を覚ますと、じっと耳をすまして、犬が何を主張したがっているのかを推察する。日により、あきらかに吠え方がちがっていて、おねだり、不満、甘えなど、微妙に声調がことなるものだ。

板金塗装はヒシャゲた車を修理する。車はふつう、勝手にヒシャゲたりしないから交通事故のせいである。昼間に運びこまれた「商品」をながめておく。早朝のドンカンを聞きながら、ヒシャゲぐあいよりして負傷ですんだのか、死者が出たかを考える。車というものがいかに衝突に弱いか、知っておくのは悪いことではないのである。

安マンションから流れてくる若い人たちのおしゃべりは、当今の話題、話し方、語彙を知るのにちょうどいい。女性が一人まじると、男どもはがぜん活気づく。「超むかつく」といったふうに、やたらに「超」を使うのは、財布と同様に言葉の中身が少ないからと思われる。

日々の暮らしが難しいのは、日々の暮らしには「適度な」「正しい」といった基準がないからだ。相手にとっては愛犬が甘えていたり、ヒシャゲたのをもどしていたり、ふつうの談話をしているだけで、「うるさい」とねじこまれるいわれはないだろう。「正しく」生きているのに、それをとがめ立て、さわぐのこそうるさいことなのだ。

うるささには武器としての哲学で対処するのがおすすめだ。しみるような静けさは旅先の宿で見つける。日々の暮らしは適度にうるさいのがいい。どうかしてハタと音がやみ、死のような静けさが訪れると、煩《わずら》わしい音がなつかしくなる。

せせる、しゃぶる

居酒屋のメニューに「カブト」がある。焼いたのがカブト焼、煮ていればカブト煮。たいていあたまにタイをつけて、タイのカブト焼（煮）と豪勢に名のっている。漢字で兜焼とくると、さらに格が上がるぐあいだ。

そのわりにお値段が安いのは、要するに、タイの頭だからだ。「尾頭《おかしら》付き」などというが、こちらは尾もなく胴もなく頭だけ。タイなどを刺身にすると、頭が残る。捨てるのはもったいないので、一品物にした。目玉とそのまわりや顎のあたりをせせると、けっこう食べられるし、頭をほぐして骨をしゃぶる手もある。「腐ってもタイ」というとおり、しゃぶっていると、タイらしい味がにじみ出て酒の肴《さかな》にピッタリだが、女性連づれのときなど、これをやるとイヤがられるかもしれない。

せせる　つっつく（ようにして食べる）。

「歯をせせる」となると、歯にはさまった食べカスを、つま楊子などでつっつき出しながら咀嚼《そしゃく》するわけで、まちがっても女性の前でなすべきことではない。

ちなみに、北陸から九州までの方言のようだが、せせるというと、「いじる、もてあそぶ」、あるいは「さわる」を意味するらしい。

しゃぶる　口の中に入れて、なめたり吸ったりする。

日本語のなかで「せせる・しゃぶる」は特殊な語彙にあたるのではなかろうか。それ自体は食べ方を言ったまでで、幼児が指をしゃぶる、母親のオッパイをしゃぶる、飴玉をしゃぶる。あるいは残り物をせせって食事をすませたりする。ごくたあいない意味であるが、ちょっとした組み合わせ次第でワイセツかつ卑猥な意味に転じていく。「なめたり吸ったり」が性に結びつくからだ。ポルノ物では、「大人のアメ玉」をしゃぶるシーンが、とっておきで用意されているものだ。その点、方言の「せせる」が「いじる、もてあそぶ」を意味するのは、暗示的ではあるまいか。

同じアメ玉でも、なめるよりもしゃぶる方が、甘さにありついたときの思いが強いのだ。しゃぶりつくと言えば、全身を舌にして甘さを吸っているけはいである。しゃぶるのは、食べることの原点に結びついており、だからこそ、とりわけ幼児の食べ方に使われるのだろう。

とりたてて世界の料理にくわしいわけではないが、「せせる」「しゃぶる」という食べ方は、世界的にみてかなり珍しいのではなかろうか。鋭い骨をもつ魚に必要な食べ方で、しかも骨自体に味があって、食の材料になる。今はどうか知らないが、以前は居酒屋のメニューに「ウヅラ」というのもあった。小鳥の鶉《うずら》ではなく、漢字では「鰻面」と書く。文字どおり鰻《う》のツラ、うなぎの頭である。

うなぎ屋の手順を思い出してもらえばいいのだが、うなぎを開いて長いまま二つに切り、頭のついたのを醤油につけて焼く。つぎに頭部を切り落として皿に盛る。うなぎの頭もタイの頭と同じで、味づけをすると食べものになる。ただうなぎの頭は小さいからカブトというわけにはいかず、串刺しにする。鰻の面が並んでいるので商品名を鰻面とした。明るいところで見ると、タジタジとするしろものだが、幸いその居酒屋はいぶしたように暗かった。注文はしたが、食べ方がわからない。

「どうやって食べるのですか?」

「まあ、しゃぶることだね」

うなぎの頭は限られていて一日に二串か三串きり、とびきりの限定品である。限定品だが、ウソのように安かった。うなぎ屋には無用の品で、そこから廻ってきたリサイクル料理というものかもしれない。醤油にミリン、タレに工夫がしてあって、しゃぶると口中に味がひろがり、それと酒がまじり合って絶妙な肴になった。

しゃぶりつくすと、皿の上にうなぎの骸骨が五つ。舌で舐めまわされて、白っぽく風化したぐあいだった。

ともあれこのごろは「せせる」や「しゃぶる」といった言葉を聞かないし、ひとしきりもごもごさせて、口から出すといった食べ方もお目にかからない。しょせんは貧しい食べ物であって、豊かな時代の到来とともに駆逐されたのだろうか。

どういたしまして。振り込め詐欺、架空請求――高齢者の虎の子を、あの手この手でせせり取り、骨までしゃぶる手合いが大手を振ってバッコしている世の中なのだ。

かぶれる

よくうるしが元凶にあげられるが、「かぶれ」の原因はうるしにかぎらない。薬品などの成分が強すぎてもおこる。皮膚に発疹ができたり、ただれたりする。かゆいので閉口だ。「かぶれた」と言わずに「(皮膚が)まけた」と言ったりもする。

以上は肉体的な現象だが、精神的な面でもかぶれることがあって、明治のころは「西洋かぶれ」が流行した。何かというと西洋をもち出して賞讃する人種である。「思想にかぶれた」といえば、左翼に走ったタイプを指した。影響を受けすぎて、その状態が好ましくない場合にあたる。かぶれの兆候である発疹は小さな吹き出物だから、思想の吹き出物が出た状態をいうのだろう。発疹チフスにかかると高熱が出て全身に小粒の発疹があらわれる。思想にかぶれた当人は気づかないが、精神の発疹チフスと見ればいいわけだ。

それはそれとして、ふつうかぶれが問題になるのはうるしの場合だろう。ハイキングに行って、どこでうるしに接触したのか、帰ってくると体のあちこちがかゆくてならない。人によっては全身がかぶれて地獄の辛さを味わうはめになる。ころげまわってもかゆみは消えない。

林道や渓谷沿いに生えているヤマウルシや、つる性で岩や木にからみついているツタウルシに触れたのだ。蕾や若葉のころが、いちばん危い。ツタウルシは秋になると紅葉して、赤や黄の葉が美しい。ついつい手を出して、泣きをみる。

うるしに含まれている漆酸《うるしさん》（ウルシオール）のせいであって、一時的な皮膚炎をきたす。誰でもかぶれるというのではなく、うるしに強い人もいて、よほどのことがないかぎりかぶれない。一般に柔肌の人はかぶれやすいようだ。ウルシオールは耐食性が強いので塗り物に使われる。うるし塗は日本の誇る高度な工芸だが、うるしに弱い人は、うるしの器にも警戒する。実際、うるしの器物でかぶれたことがあるからだ。

だが、それは何かの理由により、うるしが十分に乾いていない器だったまでで、うるしに罪はない。完全に乾いていれば、どんなにかぶれやすい人でも決してかぶれない。ただうるしの乾き方は洗濯物などの乾きぐあいとまったくちがう。うるし液を塗ったのが固体に変わるのを「乾く」というが、その際、うるしは多量の酸素を吸い、その酸化作用によって固まる。だからうるしを乾かすためには適当にしめりけを与えるほうがいい。水分が蒸発する際、酸素をうるしに供給して、酸化作用を促すからだ。

松田権六《ごんろく》（一八九六 - 一九八六）は金沢の生まれで、早くからうるしに親しみ、うるしひと筋の名工となった人である。人間国宝で「漆聖」ともいわれた。その人の『うるしの話』（岩波文庫）によると、何かのおりに酒の効用に気がついたそうだ。うるしを乾かすために湿気を与える際、水よりも酒のほうが乾きが早い。酒のほうが酸素の供給を旺盛にするらしいのだ。しかもうるしは特級などせびらず、安酒でも嬉々として乾燥を早めてくれる。

「いうことをきかない人間に一杯飲ませるように漆も一杯飲ませるとたいへんよく乾く」

権六先生は仕上げの日が迫っているときなど、日に何度となく酒で「接待」した。名工は技倆《ぎりょう》だけでなく、ここぞのときの遊び心をこころえている。

うるしの硬化現象が酸化作用によるとすると、水や酒よりも直接酸素を与えたほうが、はるかに効率がいいはずである。ところが何度やってみてもうまくいかない。それというのも、うるしという「生物《いきもの》」のせいだろうと、権六先生は述べている。いかにもこのマカ不思議な液体と生涯つき合ってきた人の言葉ではあるまいか。

アルファベット

小学六年のときに初めてアルファベットをおそわった。軍隊帰りであった担任の先生によると、これからは英語の時代であり、いずれ中学へいけば学ぶであろうが先んずれば人を制すということわざもある、よって英語の手ほどきをする、ということだった。先生は腹に力をこめてエー・ビー・シーと言った。まちがえると背すじをのばして「元へ！」と言った。私たちはアルファベットのほかに、いくつか簡単な単語をならった。

アルファベット〔alphabet ＝ギリシャ字母の第一字アルファと第二字ベータ〕一定の順で並べられた、ローマ字の字母。普通、二十六字。

昭和二十七年（一九五二）、関西の田舎町でのことである。前年、サンフランシスコで調印された対日講和条約によって日本はようやく独立したが、いたるところにまだ進駐軍の影があった。この年、日航の「もく星」号が三原山に墜落した。独立後はじめてのメーデーでは、デモ隊と警官隊が皇居前で衝突して多数の死傷者が出た。ＮＨＫの連続ラジオ番組「君の名は」が大人気で、夜の八時半になると銭湯の女湯がガラガラになった年である。

私たちは英語に熱中した。「ジャイアンツ」や「タイガース」を綴りになおして先生にみてもらった。毎日オリオンズや阪急ブレーブスになると、先生にもよくわからないらしかった。私たちはまた名前をしきりにアルファベットで書いた。教科書の裏の漢字名を消して、サインのように気どった字体で自分の名前を書き入れた。帽子やカバンやバンドにもイニシアルを入れた。靴の裏にも消えるたびに丹念に書きこんだ。いっとき、私たちは全身イニシアルずくめでとびまわっていた。

クラスの小川健君は自分のイニシアルがＫ・Ｏであるのを得意がっていた。ちょうどボクシングの白井義男がダド・マリーノを倒して日本人で初の世界チャンピオンになった時だった。私たちは休み時間に手拭いを手にまきつけて拳闘をした。小川健君はピストン堀口のファンだった。ノックアウトのまねをして「K・O勝ち」などとどなっていた。同じクラスの吉田祐一《ゆういち》君は自分のイニシアルがY・Yであることをくやしがっていた。それは彼には単純すぎて「アホみたい」に見えるらしかった。

この点、私にはイニシアルが気に入った。イケウチの「イ」がIの字で表わされるのが、まず何よりもうれしかった。それはすっくと立った石の柱のようにこころよい形をしていた。上と下に小さな横棒がつくのも洒落ていると思った。そのうち「島」にあたる英語はアイランドといってIの字で始まることをおそわった。先生はその際、「ハワイ・アイランド」とか「ガダルカナル・アイランド」とか言ったが、私たちには夏の臨海学校で行った瀬戸内海に浮かぶ「たんが島」が唯一の島だった。私はアメリカ人が島を「島」といわないで「アイランド」などというのが不思議でならなかった。ともに「島」にあたることばが自分の姓と同じくIで始まるのが偶然でないような気がした。広い海にポッカリ浮かぶ島が大好きなイメージであったからである。世界名作全集で読んだロビンソン・クルーソーのように、絶海の孤島でひとりきりで暮らすのもたのしいのではないと考えていた。

一方、オサムのOであるが、これがまた素晴らしいのだ。それはホカホカのふくらしパンのようにふっくらしていた。私はときおりアルファベットのOの字の中に二本の棒を引いて、丸味の部分をエンピツで塗りつぶした。すると白い小さな窓があいた。

ずっとのちに大学へ進んでドイツ文学を勉強し始めてから、いろいろなドイツの女性名を知った。なかでも私はイレーヌやイルゼやイルマといったIの字で始まる女たちが好きだった。インゲボルクやイサベラやイーダが気になった。想像のなかの彼女たちはIの字のようにほっそりとしなやかだった。淡いブロンドの髪をもち、肌はすきとおるように白いのである。

彼女にはオットーという恋人がいる。オットーの家の庭にはOの字のように腹部がぷっくらとふくらんだビール樽が山と積んである。秋の終わりだ。二人は天井がまん丸な地下室でこっそり抱き合ってキスをする。そんなときインゲボルクの白い肌は紅をとかしたような赤味をおびる……。

やがてヨーロッパへ行って気づいたのだが、現実のイレーヌやイーダはIの字よりも、むしろBやDやRの字にそっくりなのだ。それは少しばかり悲しい事実だった。そういえば自分がいさぎよくIの字の女性を断念してOの字の女性にくらがえしたのは、ことによるとこちらの方には、ひそかなイメージを裏切られる危険が少なかったせいかもしれないのだ。というのは私のオルガは初めからOの字さながら、オペラのプリマドンナのように威風堂々としていたのである。

パンツ、ズロースほか

べつにたしかな根拠があっていうわけではないが、だいたい以下の齢《よわい》ごろに知ったような気がする。

パンツ　小学生
ズロース　中学生
コシマキ　高校生
サルマタ　成人後

当のそのものというより、そのものにまつわる微妙な想像と実感を知った。小学低学年では何でもなかったパンツが、高学年になるとちがってきた。とりわけ女の子のパンツ、それも少し気になる女の子のチラッとのぞいたパンツの白さがただならない。鉄棒の逆上《さか》がりでパンツが丸出しになると、見てはならないものに対面した思いで、あわてて目をそらした。見てはならないが、しかしなぜか同時に見たくもあるのだ。鉄棒の逆上がりが無法であって、さらにお尻を丸出しにするのは、不正なことに違いない。

ズロースは実物よりも先に言葉を知って、即座にムセるような匂いと悪のけはいをかぎとった。単なる下着ではないだろう。たくらみを秘めていて、そこにあるだけで、よからぬことを誘いかける。

「ドロワーズ」がなまってズロースになったと知ったとき、なにやら納得がいった。辞書には「女性用のゆったりした下ばき」とあるが、ズロースの音感自体がささやいている。ゆったりしたつくりというよりも、使用の頻度とともにゆるみが生じて、しどけなくなった。ゆるみを生じさせるムッチリした肢体に期せずしてたくらみがこもっている――。

パンツは「ズボン」をあらわすパンタロンの短縮形というから、現在つかわれているスラックスやズボン一般をいう言い方が正しい。応じてパンツは、かつての威光を失った。体の一部、微妙な一点、腹のつけね、腹が腹でなくなり、脚が脚となる寸前、そこを覆う小さい布切れにひめやかな神秘があった。男が勝手に神秘を思いえがいただけともいえるが、それだけではないだろう。肉体のヒダを覆うものが心のヒダにもくいこんでいた。

その一点にまつわり、しばしば一つの事件が引き合いに出される。昭和七年（一九三二）十二月、東京・日本橋のデパート白木屋で火事があって、四階のおもちゃ売り場から出火。火は上に昇り、七階まで延焼。消防ポンプの水も梯子車もとどかない。屋上に避難した人に陸軍の飛行機がロープを投げ下ろして救助する作戦をとった。死者十四人、負傷者百数十人。当時、和服姿だったデパートの店員はズロースをつけていなかったので、ロープをつたって降りるのをはばかり、それで命を失ったというのだ。そんな噂が流れたようだ。以後、和服でもパンツ着用が急速に普及した――。

いかにももっともらしい通説だが、はたしてそうだろうか。むしろ逆であって、羞恥心があるから覆ったのではなく、パンツで厳しく覆うことによって、にわかに羞恥心が生じ、ふくらんでいったのではなかろうか。少なくともフンドシとコシマキ時代の風俗画や証言にみるかぎり、日本人はいたって大らかだったようなのである。フンドシもコシマキも簡単に外れるものであって、日常の実用に応じても羞恥心とはかかわりがなかったような気がする。

パンツの登場とともに感性の変化が生じた。生と性を司る器官が「密閉」されて、ごく自然な心的バランスが崩れ、小さな布切れが羞恥心と刑罰の対象になった。応じてことばにも呪術的な尊厳が付加されていった。ただし、それはあくまでも女性の場合であって、男にはサルマタといった、いたって散文的用語でことがたりたのである。

パンツがパンティとブリーフになり、いま一度の感性の変化がみまったぐあいだ。呪術的な尊厳は、いまや消滅の段階にあると思われる。それは巷《ちまた》の下着売り場をひと目のぞけばわかることで、より小さく、より愛らしく、よりあでやかに工夫され、それはさながら、まさに消えなんとしている最後の羞恥心にアクロバットを演じさせるかのようなのだ。

ピンはね、ねこばば

近ごろ耳にしないし、文字でも見かけない。言葉としては死語に近いのかもしれない。しかし、昭和のあるころまで――そんなに昔でない――たしかに日常的に使われていた。たいていは声をひそめて、それも「ピンはねされた」「ねこばばされた」と受身形で使われた。ピンはねした、ねこばばしたという言い方は、第三者がその人物の所業を指して言う場合であって、当人が口にすることはまずなかったと思われる。

「ピンはね」のピンは、「ピンからキリまで」と言うときのピンであって、カルタや賽《さい》の目などの一の数である。それが「上」「あたま」とかさねてあるのだろう。金銭の「上前を取る」「あたまをはねる」である。

ポルトガル語のピンタ（pinta）は「点」の意味で、長崎経由で日本に入ったポルトガル語に由来するのかもしれない。長崎・出島に隔離されていたポルトガル商人は、年に一度、代表が江戸に伺候《しこう》する習わしがあった。その旅の途中、買物をすると気がついたが、くだものや飲み物を農民の店で直接買うと、ただのように安いのに、警護の役人を介して手に入れると、おどろくほど高価になる。あいだに入った者がピンはねするからだ。このあたりが発祥にあたるのかもしれない。

真偽はともかく、ピンをはねるの構造上の特質をよく示している。無知、不慣れ、事情知らずを前提にしており、よく知る者が相手の無知をいいことに、金銭の一部をかすめ取る。無知ではなく力関係によることもあって、強い者が弱い者からへつり取る。慣習として定まっている場合もあって、そんなとき取る方は平然として取った。ピンはねが前提になっていれば、おのずと自衛する。元金を水増しして、ふくらませておけばいい。取る方もそのからくりを知っているから、ピンはねが大きくなる。一定の度をこすと、内々で済むはずのものが警察沙汰になった。

ねこばばもピンはねに似ているが、こちらは一部ではなく、全部をいただく。拾ったものを、そのまま自分のものにしてしまうとか、預かったものを渡すメッセンジャーだったのが、渡したふりをしてそっくり懐中にいれてしまうケースである。「猫糞」と書くのは、猫が脱糞したあと、上に土をかけ、そしらぬ顔をすることから生まれたからで、そこから「ねこばばをきめこむ」といった表現ができた。

戦前から戦後にかけて、藤原歌劇団を運営し、本格的なオペラの普及に孤軍奮闘した藤原義江は、父がイギリス人だった。福岡の商社支配人として赴任してきた。日本人同僚の手引きで博多の色街に通ううちに、琵琶を弾く美しい芸妓と親しくなり、翌年、子どもが生まれた。

こんな場合、色街のワケ知りが乗り出してきて、ことを解決する。若いイギリス人には母子が安楽に暮らせるほどのまとまった金を出させ、母子には支配人の体面を説いて、博多から立ちのかせた。ずっとあとになって判明したのだが、ワケ知りは大金をそっくりくすね、母子には一文も渡していなかった。若いイギリス人は母子が町から立ちのいたと知って多少は胸が痛んだが、ねこばばという日本語を知らぬ身であれば、どこかで安楽に暮らしているものと考えて良心を慰めていた。

そんな罪つくりなエピソードからもわかるが、ねこばばの場合も相手の無知を前提にしている。仲介の役まわりなので、双方を相手として、双方は仲介役を通る以外、直接会うことはない。もっとも素朴なケースは落とし物であって、拾った人が同時に仲介役の役まわりで、その指示のもとに届け出をはしょって収得者に早変わりする。

ピンはねやねこばばが死語に近いからといって、なくなったわけではないだろう。より巧妙、複雑になり、システム化したまでである。マージン、スキル、コンテンツ、スペシャル・チャージ、リノベーション……さまざまな名目でへつられて、手付金などのつかみ金がどんなに痩せ細って本来の用途にたどりつくか、神のみぞ知るところである。

つづくる、つくろう

たしか「つづくる」と言った。

「ズボン、つづくっといたヨ」

母親が実物を手に、問題の個所を示しながら言う。念のため目の上に差し上げて明かりにすかしてみた。あてがった布が、きちんと納まっているかどうか、たしかめるためである。

いま手近な辞書にあたってみると、「つくろう（繕う）」はあるが「つづくる」はない。「つづく」につづいてあるものと思っていたのに「つづける」にとんでしまう。

田辺聖子の小説に、サラリーマンが飲み屋の女将に上衣を「つづくって」もらうくだりがあって、てっきり日常語と思っていたが、おりおりあるとおり、関西語といったものにあたるのかもしれない。大阪を中心とした上方言葉に特有の語彙であって、この場合は「つくろう」が訛って「つづくる」になったものか。「つくろって使いつづける」を一語にしたようにもとれる。

辞書に「つづくる」はなかったが、つづくる作業中に口にされた言葉はのこらず出ていた。服のほつれなどをつくろうときに「まつる」と言った。奉るでも祭るでもなく、漢字のない和語である。

まつる　布の端などがほつれないように、二つか三つに折って手前の布と向こうの布を交互にすくって縫う。

つくろったのがわからないようにする縫い方があって、これは「くける」と言った。

くける【絎ける】　〔衣服の端の部分を縫う時〕布を裏側に折りまげ、その中に糸を通して表布に縫いつける。

実地に見ないとわかりにくいが、いわゆる「くけぬい（絎縫い）」である。縫い目が外に目立たない縫い方であって、手がかかるぶん、丁寧な手仕事で思いがこもっている。田辺聖子小説のサラリーマンは、つくろいが「くけぬい」と知ってジーンとくる。つくろい方ひとつで、物語がそっと次へと動き出す。

これに対して手早くつくろいをすませるのが「くしぬい」である。正確には「ぐし縫い」らしい。

ぐし縫い【串縫い】〔裁縫で〕表裏縫い目をそろえて縫う、普通の縫い方。（魚を串に刺す時のように針を運ぶので、昔、仕立屋などで使われた言葉）

いま、ある世代以上には記憶にあるだろう。暗い電燈の下で母親が縫い物をしていた。まわりに家族の衣類が並べてある。わきに針仕事につきものの針箱と針差し。膝につくろい物をひろげ、指先で破れぐあい、穴のあきぐあい、ほつれぐあいをたどっていく。こすれて薄くなったのは、もち上げて、電燈にすかして見た。

針箱と並んで端切れ入れが据えてあって、はんぱになった布切れが入れてある。つくろいには布地と色が関係してくる。一つ、また一つとあてがってみて、得心がいくまで手間がかかる。子供が呼びとめられて、針に糸を通す役目を言われたりした。

即席の仕立屋であって、だから仕立て用語の切れはしが口にされ、子供たちは耳で覚えた。布を縫ってつなぐのが「縫い合わせ」、縫い合わせるために余分にとっておいた部分が「縫いしろ」、いちど縫ってみて、ぴったりこなかった場合、ほどいて改めて縫うわけだが、これは「縫いなおし」と言った。縫った糸の跡が「縫い目」である。

ちょっとしたつくろいごとにもこれだけの言葉があったのは、この世で暮らしていくには、たくさんの知恵や経験がいったからだ。それは体験のつみ重ねのなかで生まれ、くり返し修正され、そのなかで身についた。知恵であると同時に瞬間の勘のようなものだった。

日常のなかで修練された別の知性であって、もともとこの種のものは言葉になりにくい。表現しようとすると、わざとらしくなり変質する。針仕事の母親を覚えている世代が死に絶えるとともに、言葉もろとも、こういった知性もまた、あとかたなく消え失せるだろう。つくろい方で恋心が深まったりしないのだ。

ともあれ私は母親が、つくろい物を仕上げると両手にひろげ、ひとりでうなずいていたのをよく覚えている。それを自分の記憶の宝物と考えている。

正月、二月、三月

奈良・東大寺には二月堂と三月堂がある。正式には観音堂と法華堂であって、それぞれのお堂で二月に始まる修二会《しゅにえ》、三月に取りおこなわれる修三会から、わかりいい通称が生まれたのだろう。修二会は別名「お水取り」。それが始まりであって、僧たちが長々とお籠もりをして日夜祈願し、三月中旬の儀式の終わりに華麗な一場が披露される。静かに経を読んでいた僧たちが一転して大松明を突き上げ、舞い踊るのだ。これを称して「ダッタン（達陀）の踊り」。厳しい祈願祭が、なぜか異様な火の踊りでしめくくられる。不思議といえば不思議である。いずれにせよ二月堂の前庭に赤々と火花が散って、はじめて関西一円に春が訪れる。

それにしても二月堂と三月堂があるのに一月堂がないのは、どうしてだろう？　華やかな祝典には前夜祭がつきものであるように、二月に始まる荘重な儀式には、それに先だち、ひそかな祈念の祭礼があってしかるべきではなかろうか。となれば、その舞台は必ずや一月堂、あるいは正月堂でなくてはならない——。

そんなことを、なんとなく考えていた。だが、東大寺に正月堂がないことはたしかである。奈良の寺々をことごとくあたったわけではないが、やはり一月堂には出くわさなかった。それでも気にかけていると、思いがかなうらしいのだ。ひょんなことで知ったのだが、暦の第一の月を名のって正月堂、そこで取りおこなうのは当然のことながら修《しゅ》正《しょう》会、その寺をつきとめた。

ちなみに、「正月」には二通りの意味がある。

しょうがつ【正月】　㈠一年の第一の月。㈡年の初めの祝いをして、仕事を休む期間。〔普通、「松の内」を指す〕

幼いころはもっぱら㊁の正月だった。だから正月が終わったのに大人たちが「正月の二十日に」などと言いかわすのを、けげんな思いで聞いていた。

奈良発亀山行、JR関西本線で約一時間。島ケ原駅下車。駅から少し歩いたところが旧大和街道の宿場町で、木津川をはさみ、二つの集落がある。三重県阿山郡島ヶ原村(現・伊賀市島ヶ原)。

三重県の村ではあるが、あたりの景観はあきらかに奈良である。土地や民家のたたずまいは、大和平野そのもの。たぶん廃藩置県の際に機械的に伊賀国を三重県に割り振ったせいであって、ながらく伊賀国は大半が東大寺の寺領だったし、大和街道と山沿いの道によって、さらに荷舟の上下する川によって、平城の都と何重もの糸で結ばれていた。

ゆるやかな傾斜の一本道を二十分ばかり北へ歩くと、前方に小さな池、うしろは小山が近づいてきた。石段の右手の古雅な石に太い大らかな字で「正月堂」と刻まれている。むろん、この正月は子供の待ちこがれる「お正月」ではなく、㊀の意味である。

石段を上がると、朱塗りの美しい楼門《ろうもん》があって、正面が金堂、左は白砂の小さな庭。

青銅の亀が大きな水盤を背負っている。境内全体が小山を背にした高台にあり、吹き上げてくる風に松の古木がサワサワと音をたてていた。

いただいた刷り物に寺の縁起がしるされていた。正しくは観菩提寺といって、聖武天皇の御世、実忠《じっちゅう》和尚が創建した。最盛期には大門、中門、三金堂をはじめとして三十余の堂塔伽藍が建ち並んでいたという。多くが織田信長の伊賀攻めの際に焼かれ、以来、楼門と金堂のいまの姿に落ち着いた。

本尊は十一面観世音で、実忠和尚みずからが笠置山中の龍穴《りゅうけつ》に籠もり、感得したところを刻んだといわれている。秘仏であって、三十三年ごとの御開帳でないと拝めないが、受付に掲げられた写真によると、すこぶる異様の面相をしている。

実忠和尚は東大寺開山良弁《ろうべん》僧都の片腕として大寺経営に腕を揮《ふる》った人物である。宗学はもとより儀軌《ぎき》、財政、建築、土木に深く通じていた。そんな高僧でありながら庶民にしたわれ、「じっちゅうさん、じっちゅうさん」とよばれていたらしい。お水取り行事も、このアイデアゆたかな和尚のあみ出したもので、五十年にわたり工夫して、修二会を現在みるとおりの型に仕上げた。

それほどの人物なのに、どこの生まれとも知れない。『東大寺要録』には「生国不明」とある。天笠から渡来した帰依人で、バラモン僧だったともいわれている。もしもそうだとすると、修二会フィナーレの「ダッタンの踊り」に納得がいく。晩年、大寺につきものの政争に巻き込まれてイヤ気がさしたのか、齢《よわい》九十にして奈良を去り、若狭方面をめざしたまま行方を絶った。

実忠さんは当然、旧暦一月のプログラムをつくっていた。それはおなじみの二月堂のお水取り行事の原型にあたると思われる。規模は小さいが終了を告げる「ダッタンの踊り」があって、写真で見るところ、舞い手は異様のお面をつけて烈しい踊りを踊っている。正月、二月、三月、意味深い水と火の祭祀が春を招来する。

ガングリオン

左手、肘関節の少し下にあたる。ある日、プックリふくらんでいるのに気がついた。右手をあてると、しこりのような硬さがある。中味の詰まった弾力性をもち、押さえると、はね返す勢いである。

どうして、それまで気づかなかったのだろう？　はじめはともかく、ふくらみ出せば気がつくはずなのに、まるきりけはいも感じなかった。もともと関節のまわりは皮膚にたるみがある。そうでないと腕が曲がらない。たるみにふくらみが隠されていたのだろうか。

念のため鏡に映してみると、やや赤らんだのが半円状に隆起している。ラムネの玉を半切りにして、くっつけたぐあいだ。ダンゴ鼻の先端のようでもある。

それから気をつけていると、ほんの少しずつだが、ふくらみつづけている。このままとめどなく大きくなったら、どうなることか。上方落語の「こぶ弁慶」では、男の首の横手にポツリと出てきた。しだいしだいに大きくなって、そのうち口をきき出した。

「拙者は天下に隠れなき武蔵坊弁慶なるぞ――」

粗末に扱うと承知しない。酒を朝に三升、昼に三升、夜に三升――大飯食らいで、やたらに酒を飲み、高イビキで寝てしまう。首ねっこに、とんだ分身をかかえこんで往生する男の話である。

幸いなことにわが左腕では、そのうち成長がとまったようで、十円ダマ程度の丸い突起になった。硬さはかわらないが、はね返すような勢いはなくなって、おさえるとまわりへ逃げようとする。皮膚の下では逃げられる範囲もかぎられており、クルクル小廻りにまわるかね合いだ。仕事のあいまに指先で追っかける。関節のところのちょっとした遊び道具になった。ドイツ語の「カジノ」はシュピールバンクといって、遊びと銀行をくっつけた単語である。指先がルーレットでまわしているぐあい。

かかりつけの医者とは長いつき合いで、月に一度、血圧の検査のあと、おしゃべりをする。ことのついでに、わがシュピールバンクを見せたところ、言下に「ガングリオン」といった。

「ガングリオン？」

ガ・ン・グ・リのひびきが、まさに関節の下のかたまりにピッタリで、いちどで覚えた。関節には潤滑用のアブラが流れているが、何かのはずみで、それがたまりだす。わかりやすくいうと、そんなことらしい。

家に帰って独和辞典にあたってみた。

Ganglion　［解剖］神経節　［医学］神経節腫　［獣医］外骨腫

専門によって多少のちがいはあるが、骨の上にできた腫れの点では同じである。ガングリのおしりの「オン」が「ティス」になると、腫れが燃えるような熱をもつ場合のようだ。

日本語の辞書では、いつもの『新明解』には見当たらず、手持ちの岩波の『広辞苑』（第三版）にもなく、やっとお次でいきあった。

ガングリオン【ganglion】手関節部や足背部などにできる硬い腫瘤《しゅりゅう》。成人に多くみられるが、障害はほとんどない。

（『日本語大辞典』講談社）

医者の見立ても同じで、手術すれば簡単に取れるが、悪性でないから、あえて取るまでもない。そのうち小さくなって消えることもある。現にこの指に出たが、ほっておいたらなくなった。そういって手をひろげてみせた。

とにかく、名前がいい。西洋版弁天小僧といった感じ。さっそくミスター・ガングリオンと改名。愛称「ガンちゃん」である。ムシュー・ガングリオーンと気どってフランス風に呼んでもいい。医者がいいことを教えてくれた。

「腕にできたタマと思えばよろしい」

ナルホド、感触からして、よく似ている。

藤椅子に寝そべってウトウトしているときなど、気がつくと指先で腕のタマを撫でている。小さな分身と対話しているぐあいである。退屈した主人が、つまんだり、ひっぱったりしても、文句ひとついわない。おりおり、親しい女性にそっとさわってもらう。人生の楽しみが一つふえた。

ぼうふら

ぼうふらという生き物がいる。瓶《かめ》などに水をためっぱなしにしていると、いつのまにか、ぼうふらがわいている。生き物だから「わく」わけではなく生まれたまでだが、突如出てくる現象からして、わいたとしか思えない。

瓶にかぎらず、汚いところに水がたまっていると、きまってぼうふらがいる。そんなところから、町の裏通りに巣くっていて、何かあると、もの欲しげにあらわれる連中を称してぼうふら野郎という。江戸の狂言作者はこの手の人種をよく知っていて、チョイ役で上手に使ったたし、ぼうふら連中にふさわしい名づけをしている。まめ助、すぶ六、かんぺら門兵衛、なまこの八、あんこの次郎、鯰《なまず》坊主といったぐあいだ。

ぼうふら　水たまりにいるカの幼虫。赤色をしており、からだを曲げのばしして泳ぐ。

（『明解国語辞典』）

ワヤワヤと泳いでいるのが、瓶のふちをポンとたたくと、大あわてで底の方へと沈んでいく。「からだを曲げのばし」しているのだが、全員で踊っているように見える。宮沢賢治は農業指導員という仕事柄、いたるところでぼうふらを見ていたのだろう。よく親しんだ生き物であって、大あわてで逃げる姿に、いっぱしの踊り手を見てとり、ドイツ語の「環状動物《アンネリデン》」と「舞い手《テンツェーリン》」を合成して「蠕虫舞手《アンネリダ・テンツェーリン》」と名づけた。ぼうふらをうたった人がほかにいると思えないから、世界で唯一のぼうふら詩人というものだろう。そこでは赤い小さな蠕虫《ぜんちゅう》が、水中で金色の光をあびながら、せわしなく踊っている。

（え、　8《エイト》　γ《ガムマア》　e《イー》　6《スィックス》　α《アルファ》
ことにもアラベスクの飾り文字）

たしかに8の字にも、eにも見える。アルファになったり、6の字になったり。賢治は水がめをのぞいている。ぼうふらの背中に輝いているのは泡つぶであって、真珠まがいのもの。泡を背負っているのはラクじゃない。だからぼうふらはそのうち動きもにぶくなり、どうかするとガンマアのまま、水に浮いたりしている。
そのとき瓶をまたトンとたたくと、せわしなく踊りだす。

ことにもアラベスクの飾り文字かい
あ、　くすぐったい
（はい　まったくそれにちがいありません　エイト　ガムマア　イー　スィックス
アルファ
ことにもアラベスクの飾り文字）

異名がぼうふり。漢字は「孑孒」と書いてぼうふら。もともと「げっきょう」と読んで、蚊の幼虫のこと。辞書をひいて知ったのだが、孑《げつ》は右腕のないの意で、孒《きょう》は左腕のない意だという。だから孑孒とくると、あのようにフラフラ踊るわけだ。孑はさらに「ひとり」の意があって、孑立とくると孤立と同じくひとり立つ意味になり、ぼうふらは立派な孤立集団にもなる。

詩人の谷川俊太郎は、友人の音楽家、武満徹が譜面に向かっているのを見たのだろう。

白い大きい五線譜の片隅
音は涌き始めていた
孑孑のように

音譜はなるほど、せわしなく踊っているぼうふらそっくりだ。

狂言作者のナマぐさい世界にもどっていうと、俗に「狸角《たぬかく》」と総称されるぼうふら仲間がいる。「仮名手本忠臣蔵」の六段目に登場する「狸の角兵衛」にちなんでいて、ちょい役だが、それなりの役まわりを果たす連中のこと。

政界や官界、財界といったところにおなじみだろう。強い後ろ盾をかさにきて、弱い者をいじめにかかる。いじめぐあいが、ご主人への忠誠度のバロメーターとこころえている。自分が糾問《きゅうもん》されると、シラをきるか、すっとぼける。トップに無理難題をいわれると、トップの腹の内を読みこんで、ていよくコトを押しきり、批判にはお得意の頬かむりで、世の中が忘れるのを待っている。木鼠忠太、またの名が、ぼうふら忠助。

ことばの発見 Ⅱ

つくることば

高校に入り、最初の実力テストで愕然とした。二〇六人中一六八番。ビリから数えた方が早いのだ。一六八の数字が信じられず、何度も成績表を見返していた。

中学のときは、わりとできた。悪くても学年で二十番以内、クラスで二、三番に入っていた。それが一挙に三ケタに落ちた。

理由は簡単で、数学がまるでできない。代数、幾何ともにダメ。因数分解といわれてもチンプンカンプンで、サイン、コサインは何のことか、判断もつかない。教師は努力が足りないと言ったが、自分にとっては、努力すればできるといったたぐいのものではないのである。そのことは本能的にわかっていた。

数学ができなければ物理、化学もできない。一つが極端にできないと、ほかにも影響して、国語、英語もダメ。地方の古くからの名門校には秀才がそろっていた。毎日、鬱々としてたのしくない。誰とも口をきかなかった。

ある日、ふと思い立って、図書館の書庫にもぐりこんだ。伝統校の強みで蔵書が豊かで、司書が二人いた。一人は品のいい中年女性で、いつも和服だった。もう一人は断髪の若い女性で、テキパキとものを言った。石川啄木の歌集を差し出すと、和服の人は受けとり、貸出票を見ながら、けげんそうな顔をした。

「イケウチ君、啄木読みたいの？」

それから、どうして啄木を知ったのかとたずねた。雑誌で見かけて興味をひかれたと答えると、フーンとうなずいて、ペタリと判を捺《お》してくれた。

あとで知ったのだが、その人は当地で歌人として知られた人だった。短歌雑誌を主宰している。戦争で夫を亡くして、高校の司書になった。

とはいえ高校生には、歌人には何の関心もなかった。ただ啄木が気に入った。暗記するほど読んだ。チンプンカンプンの数学の時間は、啄木短歌を思い出していた。「かにかくに渋民村は恋しかり／おもひでの山／おもひでの川」。書庫で『啄木写真帖』という本を見つけて借り出した。啄木ゆかりの土地の写真に短歌がついている。「函館の青柳町こそかなしけれ／友の恋歌／矢ぐるまの花」。痛切に函館に行きたいと思った。啄木の北海道放浪を地図にして、授業中もながめていた。友の恋歌にくらべれば、となりの秀才など何ものでもないのである。

あるとき歌人司書から「読むだけでなくつくってみたら」とすすめられた。しばらく意味がわからなかった。自分で短歌をつくるといわれて、なおもわけがわからない。

「五七五にすればいいの。簡単よ、やってみたら」

毎日つかうことばのほかに、つくることばがあると、その人は言った。ことばでつくっていいのである。どんどん、つくってみたら？

「つくることば」というのは、新鮮な驚きだった。その日、帰りの道すがら、お守りのように思い返した。つかうことばはウソがあってはならないし、つかったからには責任が生じてくるが、つくることばは、まったく自由である。つくるのであれば、事実でなくともかまわない。ウソであろうとなかろうと、そんなことは問題にならない。要は、よくつくれたかどうかなのだ。ヘタにつくれば振り落とされる。

狭い一室に閉じこめられているような状況にあって、頭上に小さな風穴があいたような気がした。そこから涼しい風が吹いてくる。広い、高い空が見える。躍り上がりたいような発見だった。

さしあたり身近な人を相手にした。チョークで板書している物理の教師。薄い髪、くたびれた背広、うっすらチョークの粉がついている。

「――物理教師の肩のさびしさ」

ちゃんと歌になる。大学ノートに気どった字で「歌稿ノート」とつけ、そこに書き入れた。体操の教師は大酒飲みで、鼻の頭が南天の実のように赤い。それも歌にした。せっせと新聞や雑誌に投稿した。南天の実の一首が、新聞に「高校二年生の作」として掲載されたとき、歌人司書は少し困ったような顔で笑っていた。そして寺山修司のことを教えてくれた。五年ばかり前に、さっそうとしてデビューした天才歌人だと言った。青森の高校生で、短歌雑誌のページをひとり占めにした。その雑誌を貸してくれた。

「向日葵《ひまわり》は枯れつつ花を捧げおり父の墓標はわれより低し」

「マッチ擦《す》るつかのまの海に霧ふかし身捨《みす》つるほどの祖国はありや」

何を言いたいのか、何を伝えたいのか、よくわからなかった。啄木短歌とはまるきりちがうことは、すぐにわかった。同じく「つくる」にしても、こんなつくり方があったわけだ。どこか数学の因数分解と似ているような気がした。

一年あまりして短歌の腕はかなり上がっていたのだろう。短歌雑誌にチラホラ掲載されるようになった。同人誌から誘いを受けた。学校の成績はあいかわらず3ケタだったが、なぜか英語はよくできた。断髪の司書は英文科の出身で、英文解釈だけではダメで、原語でドンドン読まないと、本当の英語は身につかないと言って、ペンギン・ブックを貸してくれた。作者はヘンな綴りのモームと言って、画家の生涯が語られていた。

気がつくと歌稿ノートは満パイだったが、つくる気持はうすれていた。三十一音の小さな容器がつまらなくなってきた。器用さと物マネでつくれる。それがものたりない。ペンギン・ブックのように何万語、何十万語をついやして語る世界こそ本物ではあるまいか。

聞くところによると、天才歌人寺山修司は短歌をやめて劇を書いているらしい。病気で入院中とも聞いた。入院はともかく、歌をやめたのは、なんとなくわかるような気がした。

大学入試が半年後に迫っていた。貧しい劣等生は学費の安い国立大学で、もしかすると自分が受かりそうなところを探して一つだけ見つけた。そこは英語の配点が法外に高く、おまけになぜか入試に数学がなかった。的をしぼって、夜遅くまで勉強をした。何年かぶりで勉強にもどったような気がした。

半年後、なんとか合格をかちとり、とび立つように郷里をあとにして東京に出た。昭和三十四年（一九五九）四月、世は皇太子（のちの平成天皇）御成婚でわき立っていた。東京の人口九百万を突破と新聞が報じた。その９０００００００分の一として、北区のオンボロアパートに住居を見つけた。

ちょい役

そんな人間がいるものだ。はなやかもの、世にトキめく人はイヤというタイプ。まん中よりも端がいい。旅行となると有名な観光地ではなく、小さな町をうろつきたがる。大相撲ではイザというときに弱い力士、ここぞのときカチカチになって、あっけなくすっころぶ親方泣かせ。野球だと毎年ビリを競っているチーム。女性でも、いつもめだたない人が好きだった。

芝居や映画では「ちょい役」といわれる。「ちょい」はちょっと、少しのくだけた言い方で、「もうちょい!」といえば、もう少しの意味だ。

同じちょい役でも、映画の場合は、ひょっとして主役に抜擢されるケースもあるが、芝居、とりわけ歌舞伎では、下積みは永遠に下積みである。生まれ、家柄で舞台の役まわりがきまっている。中堅役が一代で名前を大看板にしたケースもなくはないが、それは才能と努力と、それに運がはたらいてのこと。ちょい役は入念に身ごしらえして登場しても、ほんのちょいと舞台の点景になるだけ。煮売り屋、商家の丁稚《でっち》、廓《くるわ》の若い衆、船頭、尻っぱしょりした駕籠かき。あるいは二人コンビで虎になって、ヒーローに退治される。

もとより錦絵になることもなく、見せ場があるわけでもない。ふんどし一丁ですごんでも、仲間《ちゅうげん》の無法者という役まわりで、手もなく川へ放りこまれる。濡れねずみで這い上がったところを睨《にら》まれてふるえ上がり、自分から川へ飛びこんだ。

名前もヘンテコで、三人吉三《きちさ》のわきにいて、茹蛸《うでだこ》おいぼ、虎鰒《とらふぐ》おちょん、婆ァおはぜといったぐあいだ。幕開けに風呂敷包みをかかえて通りすぎるだけのこともあれば、鳶《とび》の者の一人で、屋根からトンボを切ってとび下りる。魚の行商人は「鰹、カッツウー」と威勢よくひと声あげて、舞台をすっとんでおしまい。

そんなちょい役専用の役者について書かれた本で知ったのだが、なぜかもの堅い家庭の生まれ育ちが多いそうだ。父親は裁判所の廷吏《ていり》だったり、歯科医だったり、東京電力勤務だったり。半ば偶然のいたずらで、人生がガラリと変わったが、裁判所や東京電力の倅《せがれ》では、どうあがいてもちょい役どまり。それを承知でこの世界に飛びこんだ。

荷売りの二八蕎麦屋が、主人公の注文を受けて鍋の蓋を取る。パーと勢いよく湯気が上がる段どりで大鍋にドライアイスが入れてあるのだが、ドライアイスの煙は重いので、景気よく上がってくれない。モロモロと下へ這っていく。煙を上へなびかせるには、どうすればいい？　ちょい役が聞かれて答えていた。鍋の蓋を取ると、その蓋で自分の口もとを隠して一気にフーと煙を向こうへ吹き上げる。

苦心の演出ながら客はもとより気づかない。そもそも誰も二八蕎麦屋など見ていないのだ。目に映っていても、まわりの点景と同じで、筋の運びでそこにいるだけ。

役者がそれだけ工夫しているのに、誰もまるきり目にとめない。ひところ、ひそかに義憤に駆られて、ことさらちょい役に目をこらし、気がつくとメモをとったりしていた。自分では上々の観客のつもりでいたが、そのうち気がついた。上々でもなんでもない。そんな目で芝居を見ているると舞台にとけこめず、雰囲気に入っていけない。

そもそもちょい役自身、ことさら見られるのを願っていないだろう。見過ごされ、気づかれなくていいのである。へんにめだつと芝居をこわす。ごく自然に舞台を通り過ぎて、それでもって場の空気をつくればそれでいい。

いかにも軽い役柄ながら、主役、中堅に加えて端役がいないと舞台が成り立たない。セリフはほんのひとことでも、それでもって季節なり天気模様なりを先ぶれしている。番頭のちょっとしたしぐさで、主人の人となりがうかがえる。長い年月のなかで磨いてきたムダのない動きに、さりげなく工夫が仕込んである。名優が一座のちょい役を大切にするのは、芝居にとって地の塩のような存在であるからだ。

一瞬目の底に役柄がのこって、あらためてながめると、油紙でつつんだような渋いのが小腰をかがめて袖へと引っこんだ。見る人に見てもらって、そのあとすぐに忘れられるのが、花も実もあるちょい役哲学というものである。

三角乗り

自転車を三角に乗れるのか？

乗れるのだ。それなりにスピードも出る。見た目は悪いが、これはこれでなかなか大した乗り方なのだ。

では、三角乗りとは、いかなる乗り方であるか？

そもそも、そんな日本語があるのだろうか。少なくとも国語辞典には、どれをあたっても見つからない。辞書にはなくとも、たしかに三角乗りは実在した。現に私はそうやって自転車の乗り方を習得した。

その当時、男用の自転車は、ハンドルとサドルとペダルが逆三角の形をしていた。子どもが大人の自転車に乗る場合、サドルにお尻を乗せると、足がペダルにとどかない。逆三角の中に半身を入れ、ハンドルを握り、ペダルに両の足を乗せる。そして、こぐ。

べつに好んでそんな乗り方をしたわけではない。私の少年期は昭和二十年代であって、子ども用の自転車などなかった。あったかもしれないが、貧しい家には手がとどかない。三角乗りは、大人の自転車に乗るために、子どもたちが工夫し、練り上げた乗り方だった。

仮に右から体を入れるとしよう。当然、右側に重心がくるので、自転車を左に傾けないとバランスが保てない。ハンドルは手を伸ばすのがやっとで、握るというよりも、しがみついた状態である。頭がハンドルの下にあって、その位置から前方を見つめている。

ペダルに両足を乗せる前に、バランスを失ってぶっ倒れる。何十度、いや何百度となく倒れた。すり傷、打ちみ、あざ。ひところは、全身が赤チンだらけになった。

そのうちバランスを習得した。ヨロヨロしながら五メートル、十メートルと走り出した。ただし、ペダルをこぎ始めると、すぐさま重心が移動して、ぶっ倒れる。坂を転がっていってブレーキをかけるたびに倒れ込んだ。

ある日、ペダルを少しずつ動かせるようになった。よろけても倒れない。ペダルさえ動かせれば、坂を転がるだけで終わらない。近所まわりを一周する。幸いにも当時、車などめったに来なかった。たまにボンネットバスが、砂ぼこりをあげて走りすぎるだけ。

はじめペダルは、テコのように上下させるだけだった。それを私たちは「バッタ乗り」と呼んでいた。バッタが体を上下させるのと似ていたせいらしい。

そのうち、勇気をふるって一回転させた。グラッとよろけたが、倒れない。天にも昇る気持ちで、ペダルを回した。スピードが出る。坂も上れる。突進できる。それは、さながらハンドルという二つのツノをもち、まっ赤な顔をのぞかせた、へんな生き物とそっくりだったのではなかろうか。

三角乗りで、駅前の模型屋までセメダインを買いにいった。三角乗りの連隊を連ねて、隣町のグラウンドまで野球の試合に出かけた。小学三年のときである。二年ばかりして、急速に背丈が伸び、三角乗りを卒業した。

いまでも私は、自転車に乗るのが上手である。雨の日、片手で傘をさし、片手でハンドルを握って、鼻歌まじりに走らせる。どんな細い通路でも器用にかわしていける。どうやら鼻たらしのころの猛練習のたまものらしい。

ちくわぶ

おでんでおなじみだろう。頭に「ちくわ」とついていて、ちくわのような形をしており、ちくわと同じくまん中に穴があいているが、ちくわではない。おしりに「ふ」がつくとおり麩である。ちくわは魚肉をすりつぶしたものだが、こちらは小麦粉でつくる。念のため、たしかめておく。

ちくわ【竹輪】 すりつぶした魚肉を竹ぐしに丸く棒状に塗りつけて、焼いたり蒸したりして作った食品。くしを抜いた切り口が竹の輪切りに似る。

ちくわぶ【——麩】 ちくわの形をしたふ。

ふ【麩】　小麦粉を水でこねて、でんぷんを取り去った食品。

いつごろ、誰が考案したのか知らないが、辞書にのっているところからして、かなり以前であり、わが大好物は言葉としても、とっくに市民権を得ているのだ。しかし、おでん屋で注文すると、しばしばちくわがお皿にのって出てくる。ちくわぶと「ぶ」に力をこめて伝えなくてはならない。主人によると、ちくわぶはなぜか男の好物で、女性客はめったに注文しない。

「どうしてですか、こんなに旨いのに」

「さぁ、どうしてでしょう?」

主人は首をかしげるが、私には理由はわかっている。色なり形なりが女性には気にくわないのだ。

まず形だが、ちくわに似せてつくったので、もともとは長くてポッテリと重い。そんな一本を丸ごと出すわけにいかないので、三つ、四つと切って鍋に入れる。垂直ではなく、はすに切られるので、切り口は円ではなく楕円になる。まわりは楕円でも、真ん中の丸はまん丸い。ちくわぶは外形にギザギザがつけてあるから、ギザギザのある楕円に正円の穴のあいた世にもフシギな形態である。名前からしてはっきりせず、ちくわのようだが、ちくわにあらず、さらに形態のえたいの知れなさが、何ごとにもはっきりさせたがる女の好みに合わないのではあるまいか。

それ以上に色である。おでん鍋に入る前のちくわぶは白い。紙の白さではなくモチのような白さで、全体のモチモチ感からも女体のごとしである。

それが鍋で煮られる。とうぜんお汁のしみかげんによって、はじめはクリーミーな色、さらに煮られるとエニシダ色、売れのこると洋ガラシのような茶色になる。いわばウブな娘が浮き世の波に洗われ、いつしかアバズレになるのと似ているだろう。男はまるで気づいていないようだが、女性がちくわぶを毛嫌いするのは、微妙な人生の変転を感じとってのことではなかろうか。

女性同伴でおでん屋に行き、男が大好きなちくわぶを注文したとしよう。湯気の立つのをフーフーしながら食べている。そのとき、お相手はどんな顔をしているだろう？煮られたちくわぶは、全体がひと色とはかぎらない。鍋の中の煮ぐあいによって、ちくわぶの下はエニシダ色だが、上は白がほんのりと色づき、淡いピンク色をしていることがある。フランス人なら「フラマン・ローズ」と呼ぶ色であって、フラミンゴのバラ色である。まさに上気した女性の上半身であって、下半身のエニシダ色がまたナマメかしい。では、いただくとしよう――女たちが、たえてちくわぶを注文しない理由がおわかりだろうか。

そんなこともあって、おでん屋に女性同伴はおすすめではない。店のつくり、雰囲気、相客のぐあい……おでん屋はひとりにかぎるのだ。

「ハイ、ちくわぶネ」

クリーミーがややエニシダに近づいたところで、わが好みにぴったりである。喉をこすときのポッテリとした重量感がまたいいのだ。待ち受けた胃袋に、やや肥満ぎみのわが身をはじらいながら入っていく。ちくわぶはまったく、やさしく、やわらかく、とてもいとしい食べ物なのだ。

虫がいい

もしかして思い当たる人の目にふれて気を悪くされたら、先に謝っておくのだが、「虫がいい」というと、まっ先に思い浮かぶ。

たまのことだが、講演の依頼がある。講演というより「話をしてほしい」といった申し入れで、同好会の市民交流センターの催しのことが多い。都内の図書館、横浜、浦和、市川など近隣の図書館や小ホール。

ひととおり催しの趣旨が話され、スケジュールの問い合わせに入り、最後に謝礼が薄謝である旨のお詫びがあって、ようやく金額が告げられる。一切こみで二万円が多い。一万円のこともあった。「これまでもこれでお願いしてきたので、ご了承いただきたい」

旨の言葉がつく。

虫がいい　自己中心的で、ずうずうしい

たぶんその人には、自分は虫がいいといった気持ちは毛頭ないだろう。みんなで講師役を相談して白羽の矢を立てた。財務の苦しいなかで、社会的にも意義深いことをしている。当然、協力してもらえると考えている。そんな善意の人から求められたことはよくわかる。

しかし、人まえで一時間なり一時間半なりを話すためには、それなりの準備がいる。当日、遅れてはならないから、かなり余裕をもって家を出る。たとえ東京から横浜まで電車で三十分でも、それは時刻表の話であって、その「東京」に出るまでにバスや電車を乗り継いで行かねばならない。早々と会場に現れてはご迷惑なので、近くで余裕にとった時間をつぶすわけだが、適当な喫茶店があるとはかぎらないのだ。

「終わったあと、ご一緒に食事をさせていただきたい」

たいていは疲労困憊で一刻も早くひとりになりたいものである。つまり電話を聞きながら、そんな思考のプロセスが頭をかすめる。なろうことなら断りたいのだが、謝礼を聞いたあとではタイミングが悪いのだ。考えさせてもらって、後日に断るのが穏当だが、突然の電話の場合は、そういう知恵が浮かばない。それに相手には、スケジュールをたしかめたからには、当然了承のはずという思いがありありなのだ――。

虫は日常に親しい生き物なので、虫に託した表現がいろいろある。

虫も殺さぬ
虫がつく
飛んで火に入る夏の虫

いま初めて知ったのだが、「虫がつく」には二通りの意味がある。一つは衣類や本を虫が食ってダメにすることだが、もう一つは「きずものになる」から、「未婚の女性に、親としては好ましくない相手が出来る」場合で、当今は知らず、過去は両親が顔をくもらせて口にする用語だったようである。

古くは日常の虫のほかに、体内にひそんでいて、心の状態を左右する虫がいると考えられていたのだろう。疳《かん》性の子どもは「虫が起こる」と言った。

虫が知らせる
虫が好かない
虫の居所が悪い
腹の虫がおさまらない

「虫がいい」人を、私自身は嫌いではない。会えば話がはずみ、会に誘われて会員になり、会誌をもらっているのもある。

しかし、やはり虫がいい人の申し出は断りたい。ようやく責任を果したあと、一、三日は疲れがとれないことまでもよく覚えている。いっそ薄謝などないほうがスッキリすると思うが、それは虫がよすぎるケースだろう。うっかり引き受けると、観念しきるまではふさぎの虫にとりつかれる。

このごろは電話のわきにメモを二つピンでとめている。

「もうトシですから、ご勘弁ねがいます」

「もう廃人同然ですので、お役に立てません」

のろま

ふつう「のろま」という。のろのろしている。動作がにぶい。「グズ」なんて言い方をするときもある。

反対語は「はしっこい」だろうか。キビキビしていて、機敏《きびん》で、頭の回転が速い。話し方にも及んでいて、のろまは話がまのびしている。いっぽう、はしっこいのは早口でまくしたてる。

辞書には、いくつか関連語がある。

のろ

のろいこと（性質）、また、その人。薄のろ。

のろい

㊀進み方（速度）が、おそい。テンポがのろい。

㊁能力が無かったり、何をするにもやり方がおそかったりして、見ている人をいらいらさせる状態。

このあたりは承知しているが㊂として、「自分の愛している異性に首ったけだ」の意味があるのを、はじめて知った。これがのろけ（惚気）、のろける（惚気る）につながるらしい。

また、「のろくさい」とも言うだろう。何をさせてものろのろしていて、歯がゆい感じ。

中学のときに気がついたが、人間にはのろま型と、はしっこいタイプがいるようだ。のろまからはしっこいまで、温度計のような目盛りがあって、自分はどちらかというと、のろま型らしい。友だちにとりわけのろま型のがいて、よくいじめられる。暴力《ぼうりょく》癖《ぐせ》のある教師は、いつもこのタイプを餌食《えじき》にした。

のちに大学の教師になってからも、学生に接するとき、いつも二つの目盛りでながめていた。はしっこいのが、まずめだつ。何かあればイニシアティブをとり、計画を立てるにもソツがない。コンパのときなど話題をもりあげ、ちょうどピッタリのヤジをとばして笑いをとる。のろま型はたいていはしっこにすわり、おとなしくうなずいているだけ。

教師をつづけるうちにわかってきたが、はしっこいのは二十代、三十代の前半あたりまでは活躍する。気の利《き》いた論文を書く。だが、そのうち音沙汰《おとさた》なくなって、どこにいるのかもわからない。

入れかわってのろま型がいい仕事をする。ゆっくりとためていた感じで、それが実《みの》りにつながってくる。話し方も、のんびりした口調がそれなりのテンポをもっていて、独特の弁才を思わせる。

「うちの子はのろまでねェ」

親がそんなふうにいうとき、のろまの特質を見落としている。のろまのせいで遊び仲間からバカにされたり、仲間外れにされると、わが子が歯がゆくてならない。

「ホラ、のろくさしない。もっとさっさと！」

何かにつけてせき立てる。

ときおり「のろまの発見」につとめてみてはどうだろう？

のろまということは、何かをするにあたり、時間がかかるということだ。それはフシギな長所と結びついていないだろうか。こまかいことをよく覚えていたり、誰も気づかなかったことに気づいたり、とっぴょうしもない連想を口にしたり――。

あきらかに現代はすばしっこいタイプの時代である。なにごともスピードであって、一瞬のうちに結果がわかり、人はみなせわしなく動きまわって、鉄砲玉のようにしゃべり立てる。

その一方で皮肉なことに寿命がおそろしくのびて、四十代はまだ若く、五十代、六十代で働きざかり。人生の目盛りがケタちがいに長くなった。

のろまの資質がゆっくりとモノをいう。はしっこいのがいらいらして息切れしてくるなかで、のろま型はのんびりとわが道をいけばいいわけだ。

「ホラ、もっとゆっくり、ゆっくり！」

わが子にはのんびりとした口調で声をかけてみよう。もしかすると、グズで、のろまは、いまやそれだけで大きなことをなしとげる資格があるかもしれない。

ちゃぶ台返し

『ちゃぶ台返しの歌舞伎入門』（新潮社）という本の書評をたのまれて一読した。四十代半ばの芸能研究者による「歌舞伎の見方、楽しみ方」であって、従来の意味を主としたとらえ方ではなく、「かたち」を見本にして語っていく。「実践編」として、歌舞伎十八番というべきなかの四つの演目をとりあげ、見どころ指南がされている。よくできた、たのしい、ためになる本である。

それはいいのだが、私にはタイトルがよくわからなかった。「はじめに」のおしまい近くに「今までの〈入門〉とは違う方向から読んでもらえるような本は作れないだろうか。タイトルの『ちゃぶ台返し』ほど豪快にはいかないにしても、お決まりの〈入門〉

的なるものをちょいとひっくり返してみたい」とあって、そのあたりがタイトルのもとになったのだろう。

私にわからないのは、「ちゃぶ台返し」が豪快というくだり。それと、これまでと違う「ひっくり返し」の別称として使われていることだ。

こちらの無知であれば、お詫びするしかないのだが、「ちゃぶ台返し」はまるで意味が違うのではあるまいか。それは悲しい腹いせの行為であり、弱者にウップン晴らしをしたまでのこと。当人にもその点はわかっていて、ちゃぶ台返しをすると同時に、プイとその場から姿を消すものだ。家族の刺すような目に耐えられないからである。

私はいちどラジオの番組で、十二代團十郎さんと話したことがある。幼いころの思い出を語ったなかに、目玉焼きのことがあった。少年のころ目玉焼きが大好きで、いつも一番最後にとっておいて、目玉焼きを見ながらごはんを食べた。しかし、あるときから一番最初に食べることにした。ある朝、父がちゃぶ台をデングリ返したからである。ふっとんでごはんやミソ汁もろとも、目玉焼きも小皿の下に哀れな姿をとどめていた。

父、十一代團十郎は若手の海老蔵《えびぞう》のころから、「花の海老さま」とうたわれた花形役者だった。そんな人気者がなにに苛立って、家族の団欒の場であるちゃぶ台をふっとばしたりしたのだろう？

「まぁ、ひどい時代でしたからね」

十二代はつつしみ深く、そんなことしか言わなかった。昭和三十年代のこと、歌舞伎が新興の映画、新劇に圧倒されて、見る影もないころだった。現代の盛況からは想像もつかないが、歌舞伎座はガラガラ。キラびやかな舞台の一方で観客席にはカンコ鳥が鳴いていた。

そんな状況のなかで、歌舞伎界きっての大名跡を背負わされ、腹立ちのタネがわんさとあったのだろう。つい家族に当たりちらすハメになった。十一代は團十郎を継いで三年で世を去った。

ちゃぶ台は外国式のテーブルをまねた家族で囲む食卓である。日本人はそれまでは、家族単位ではなく、めいめいの膳で食べた。家長以下、家族にもヒエラルヒーがあって、めいめい膳にも区別があった。

大正デモクラシーのあと、昭和初年ごろから、外国人のように家族で食卓を一つにする。ただし畳なので、テーブルに椅子はなく、正座して食卓についた。狭い家の便宜を図り、四本脚が折りたたみ式のケースもあった。食後に折りたたむと、ちゃぶ台は円形や四角の板になって、片隅に片づけられた。いずれにせよ「ちゃぶ台」を囲んで家族の団欒が成立した。すぐわきにごはんを盛ったおひつ、ミソ汁の鍋、火鉢にお湯がチンチン音を立てている。たとえ貧しい一家でも、ちゃぶ台を囲んでいるかぎり平和な日常が保たれていた。

もしちゃぶ台をもち上げて、デングリ返すとどうなるか？　ミソ汁、ごはん、おかずなどが、ゴミをぶちまけたような惨状を呈するだけではないだろう。なごやかな団欒が一瞬にして地獄になる。顔をこわばらせ、ワナワナと唇をふるわせている母親、石のようにかたくなって、じっと惨状を見つめている子供たち、デングリ返しの張本人は、ものも言わず席を立って出ていった。もっとも弱い者たちに腹立ちをぶちまけている弱い自分を、見すかされている気がするからだ。「豪快」などとはほど遠い、哀しく、やるせない、家庭悲劇の一コマではあるまいか。

十二代團十郎は海老蔵の襲名を見届けたあと、役者としてまさにこれからという時に世を去った。顔立ちの大らかな、異常なほど目の澄んだ人だった。「一番の好物は、いの一番に食べるにかぎります」と言ったとき、こころなしか笑い顔がこわばっていたような気がした。

和菓子語

駅前のキオスクで豆大福を見つけた。久しぶりの和菓子である。いや、十日ばかり前、どらやきが食べたくなって買ってきた。秋のお彼岸におはぎをいただいて、どうやら舌が和菓子に目覚めたらしい。たしかに「あん」ものは、ケーキやクッキーとはまるで異質の味である。長く海外にいると、おりおり、急にからだがあんものを欲しがるそうで、急遽もなかを航空便で送ってもらう人もいる。日本人の味覚がうずくわけだ。

和菓子の製法はいたってシンプルで、小麦粉か米粉をこねて、のばし、餡をつつみこんで蒸す。大筋はただこれだけ。それが添え物しだいで無限に変化する。どらやきは形がドラ（銅鑼）に似ているからの命名だろう。きんつば（金鍔）も刀の鍔《つば》になぞらえ、それに豪儀な「金」をかぶせたものと思われる。おはぎは別名がぼたもち、花の牡丹にあやかっている。きんとん（金団）となると厄介だが、言葉のひびきぐあいからして中国から入ってきて、そのときの名前が日本語化したのではあるまいか。

それよりも何よりも和菓子の特徴は、季節と強く結びついていることだろう。日常の嗜好品が、これほど風土なり気候なりとかかわっているケースは、世界的にも珍らしい気がする。ケーキやクッキーには、およそ見られない特性である。

おのずと地方性と関係していて、つくり方や名称も土地ごとにちがってくるが、一般名にひきもどせば、和菓子歳時記といったものがつくれるだろう。

もっとも手近なトッピングは身近な草であって、草もちとして香りの強いよもぎが使われた。よもぎもちが甘党一年の幕開けになる。全体が清々しい緑色で、いかにも萌え出た春を思わせる。もちといっしょに季節を食べているわけだ。

つづいてはおなじみのさくらもち。桜の満開の下で、さくら色をした、さくらの葉でつつんだもちと対面する。葉っぱは塩づけされていて、ややしょっぱい。葉を取って、もちだけ食べる人がいるが、やはり葉ごとパクつきたいものである。あんの甘味と葉っぱの塩味がまじり合って、なおのこと味わい深い。店ではきっと渋茶が出されるもので、もちの残り味と、ふうふういって飲む舌を焼くように熱いお茶がまじり合う。誰が考案したのか知らないが、さくらもちは二度たのしめる。

同じく桜のころにお目見えするのが花見団子であって、へんてつのないあんころもちを串に刺しただけであっても、「花見」の命名であでやかになる。秋の月見団子も同様で、九月、十月の十五夜にもてはやされる。団子以上に言葉を食べている。

五月は若葉の季節だが、実をいうと和菓子の季節でもあって、わらびもち、牡丹もち（ぼたもち）、ちまき、かしわもち、葛もち（葛まんじゅう）……地方ごとに無数のあんこものが控えている。ちまきやかしわもちは、もともと春の節句に応じていたのだろう。白米を粉にして、あんをつつんで蒸したのをしんこもちというが、これをかしわの葉でつつめばかしわもち、ささを巻いてちまき、葛をあしらってまんじゅうにしたり、もちにしたり。工夫好きで、手間ひまをいとわない日本人らしい食文化である。

ある古い町の和菓子店だったが、五月のおすすめとして、水まんじゅう、福もち、銘柄で「宮の渡し」「若鮎」といったビラが張り出されていた。工夫すると、年ごとに新作が登場する。

秋はもっぱら栗が主役で、栗まんじゅう、栗きんとん、たいてい栗の甘露煮が一粒まるごと入れてあって、まんじゅうかたがた、こくのある栗をいただく。栗に代わってくるみとなると、小さな粒にして白みそであえたり、そばを使えばそばまんじゅうになる。あんにしても、つぶあん、こしあんで味わいがうんとちがう。ささで巻くとささ団子、ほお葉でつつむとほお葉巻、黒糖をあしらうと黒糖まんじゅう。思えばあきれるほど変幻自在な食べ物なのだ。

先だって伊豆へ行ったら、古風なお茶屋に「へらへらもち」とあったので、一皿四百円をいただいた。水ぎょうざのような形で、みそ仕立てタレがかかっている。たしかにもちであるが、歯ざわりがツルンとしている。たずねたところ、自然薯《じねんじょ》を加えて練ってあるせいだという。もともと農家で自家用につくって食べていたので、家ごと味がちがったそうだ。

茶屋ではみそに白ごまをまぜて風味をきかせてあった。つぶつぶとツルリがいいぐあいにまざっていた。どうして「へらへらもち」なのかたずねると、食べると旨いので

「へらへらになる」からだという。べつにへらへらにはならなかったが、皿のへらへらもちを見ていると、なるほど、「へらへら」がピッタリに思えてきた。

きぬかつぎ

「いらっしゃい！」

ノレンを分けると、いつもの声。冷たいおしぼりを手に、壁のお品書きを順にながめていく。壁にずらりとメニューがあるというのは、考えてみると、なんとも豪勢なことなのだ。

あげ出し、あら煮、いかだ、イワシのつみれ、卯の花、カツオの叩《たた》き、きぬかつぎ、ゴマあえ、茶碗むし、田楽、天プラ……アトランダムにアイウエオ順でひろったまでで、オリジナルはいたって無定見である。応じてことばが、てんでんバラバラに匂ってくる。

「カツオの叩きね」

魚好きはカツオに弱い。

「アジも、もらおう」

同じ叩きでも、ずいぶんちがう。アジやイワシは、シソなどの薬味を包丁で叩きまぜてつくるのに対して、カツオはまわりを焼いてから、塩と酢をふりかけ、包丁で叩いて味をしみこませる。分厚く切って出すのが高知名産というが、和風ステーキを食べているここちがするものだ。

叩きは文字どおり、叩くところからきた命名だろう。刺身は魚を包丁で刺して、小さな身にするからにちがいない。和え物は「あえる」から、つみれはすりつぶしたものを「つみとる」からと思われる。

ここにはないが、ふつうメニューの大物「コイの洗い」は、冷たい水で洗うのが料理の始まりで、生臭さを取るためだろうが、ウマ味の成分である脂肪をわざと洗い落とすわけだから、ヘンなごちそうである。注文したことがないので実地はわからないが、魚臭を引きしめ、冷たい歯ざわりをたのしむというから、魚そのものよりも手間ひまかけた料理法を食べているようなものではなかろうか。

いずれにせよ、調理の方法がそのまま料理の名称になっているのは、世界の料理のなかでも、あまりないような気がする。

もうひとつが形から連想する方式で、これは世界中でおなじみだろう。日常のなかに見立てる。「いかだ」は小さなウナギを何匹か串刺しにして蒲焼きにしたものだが、なるほど形がいかだに似ている。ハッピにハチ巻の筏師《いかだし》が、たくみな櫂さばきで木材を川で運んだのは、もはや遠い昔がたりであって、川からいかだは姿を消して久しいが、居酒屋には立派に生きている。こちらの筏師は白い割烹着をきて、同じく頭にハチ巻をしている。

きぬかつぎは、小芋の上部にチョンと包丁を入れて蒸したもの。アツアツが出てくるから、上部の皮をつまみ取って、塩をふりかけ、フーフー言いながら食べる。「衣《きぬ》かつぎ」と書くように、残った皮の部分を衣に見立てた。「御伽草紙」の「鉢かづき」では、とどのつまり鉢が割れて中から宝ものが出てきた。「衣かつぎ」では、そっと指先で押すと、女性の白い裸身のような小芋が出てくる。見ようにもよるが、かなりエロチックな食べ物である。

卯の花は、おからのこと。「うの花の　におう垣根に　ほととぎす　早もきなきて」――旧文部省唱歌のいうとおり、卯の花はほととぎすの鳴きだす初夏のころに白いふさ状の花をつける。もともと生け垣によく使われたウツギ（空木）のことだが、「空木の花」では歌にならない。豆腐の搾《しぼ》りカスが白いところから、花の白とかさねた。空木は名前からもわかるとおり、幹が空洞である。つまり、からっぽ。豆腐を搾り取った残りものは、おから。多少とも判じ物めいているが、たしかに筋みちは通っている。

ひとり客は頭も口もヒマだから、久しぶりに卯の花をもらって、そんなことを考えている。主人が東北の生まれのせいか、ときおり「じんだ和え」がメニューに加わる。ゆでた枝豆をすりつぶして、サヨリやキスと和えて、小皿に盛って出す。東北名物「じんだ（ずんだ）餅」にちなむのだろう。「徒然草」に「後世を思はん者は、糂汰《じんだ》瓶一つも持つまじきことなり」とあるそうだ。この糂汰は訓読みすると「ぬかみそ」のことだという。

甚太という人が考案したとか、豆を打ってつぶすことから「豆打《ずだ》」がなまったとか、説はいろいろあるが、志の島忠・浪川寛治著『料理名由来考』(三一書房)によると、米ぬかは江戸時代には、いたって高価なものだった。米そのものが日常の食として、そうそう口にできないし、ぬかは精米でしかとれない。玄米食がふつうであったことを考えると、想像のつかないほど米ぬかは貴重なものだった。ついては越前や加賀の漬物に「米糠漬《こぬか》」というのがあった。とれすぎたイワシやサバを保存するのに考え出されたものだが、ぬかづけであって、これも一種の「じんだ」といっていい。この米糠漬が江戸時代の輸送ルート北前船で東北一円に伝えられたのではなかろうか。

「中央から遥か離れた東北では米糠などは手に入る可能性はなく、米糠の代わりに季節になると捨てるほど採れる枝豆を使い、漬ける代わりに和えてこれをじんだと呼んだのではないか、という推測です」

スケールの大きな、夢のある説ではないか。食文化はらくらくと国境をこえて自由に交流しただろう。人間にとって、もっとも切実なのは食べ物であって、古文書などよりも、はるかに意味深い記憶力をそなえていると考えていいのである。

おためごかし

「おためごかし」には、幼いころのちょっとした記憶がまといついていて、言葉とともに、ある人物が浮かんでくる。一人の人間というよりも、一つの人物類型であって、その後もおりおり出くわした。

地方都市の旧家に生まれた。父は教師のかたわら、地区の役員をしていた。そんな家には、いろんな人が出入りする。地区の行事やモメごとの相談のときは、座敷に夜ふけまで明かりがともっていた。ドヤドヤと人が帰ったあと、居間で父や母の呟きのような声がした。

ときたま、「ブンケ」とよばれる人たちがやってきた。いつのころか家を出た兄弟姉妹であって、そちらからいうと、こちらは「ホンケ」である。本家、分家が主従のようなかたちでつながっていた。

　私が七歳のことだが、父が心臓病で死んだ。とたんにパタリと人の出入りがなくなった。古い家を維持して五人の子どもをどう育てていくか、母には途方もない難題が待ち受けていた。こんなとき「教師の妻」は弱いものである。これまで「センセイの奥さん」として、何かにつけてたてまつられ、世の荒波から守られてきた。世間知らずで、生活力がない。

　同じく父親が教師で、その父を早くに亡くした開高健が述べている。家の中がみるまに「空洞」になっていったというのだ。生活力のない女は、さしあたり売り食いするしか生きるすべがない。なけなしの書画骨董、衣服や家具を処分する。そこにあったものがなくなるわけで、部屋がガランとしてくる。壁や畳の色あせていない部分があらわれて、何かが移動したことをつたえていた。

　そんなときである、急にある人がしげしげと出入りするようになった。髪をポマードでかため、パリッとした背広にネクタイ、細身の靴がピカピカに磨いてある。書類のようなものをかかえ、早口で、弁説さわやかにしゃべる。子どもにもペコペコして愛想がいい。座敷に通されると、ひとしきり庭をながめ、松や庭石や灯籠を誉めたりした。

何かを母にすすめ、母が渋っているらしかった。「先祖様からあずかったもの」といった言い方で断ろうとする。その人は「ごもっとも、ごもっとも」と同意しつつ、押し返してその「先祖様が助けてくれる」といった言い方をした。子どもながら何となく不安で、庭木ごしにそっと座敷をうかがうと、その人と視線が合った瞬間、笑い顔がキツイ目つきになった。

母がその人に売った土地一帯は、しばらくして市の住宅開発の用地になり、計画が発表されるやいなや土地値が何倍かに高騰した。母は自分で自分の愚かさを責めて、畳をたたいて泣いていた。私は無力な女が泣くときは、畳をたたくことを初めて知った。

おためごかし【御為ごかし】　相手のためにするように見せかけて、実は自分自身の利益をはかること。

言葉として知ったのは、このときではなかっただろうが、もしかすると、母の唯一の相談相手だった兄に話しているのを聞いたのかもしれない。小学校の校長をしていた伯父は、妹を慰めながら「おためごかしなやつ」と言った。意味はわからなかったが、即座に私は、いっとき、しげしげとわが家に出入りして、それからピタリと来なくなった早口男を思い出した。

同じ意味合いで「親切ごかし」とも言うから、「ごかし」といった、日常に珍しい言葉に由来するのだろう。

ごかし（接尾）　表面ではいかにも相手の立場を考えてやっているように見せかけながら、実は自分の利益をはかっていること。

それはそうと、当節、「おためごかし」はほとんど聞かれない。もはや死語にひとしいのだろう。もとよりおためごかしがなくなったからではなく、まさしく反対の理由からである。政治家の言説、マスメディアの仕組み、経済の原理……ことごとくが、つまるところ「実は自分自身の利益をはかること」にほかならない。社会全体がおためごかしから成り立っているとすれば、何もわざわざいうこともないからだ。

なかじきり

もうずいぶん前のことなのに、昨日のことのようにして覚えている。その朝、目が覚めると首が廻らなかった。廻そうとすると痛い。腕を突いたとたん、肩に劇痛が走って、はね起きた。

しばらく暗闇のなかでじっとしていた。夢を見てのことであり、まだ夢のなかにいるのではないかと思ったからだ。だが、夢ではない。窓の隙間から薄明かりがさしていた。夜明けが近い。もともと朝型の人間なので、ふだんどおり着換えにかかった。台所に下りてきて水を飲んだ。それから庭に面した居間で籐《とう》椅子にすわり、そろそろとわが身の状態を検査した。

まず首である。たしかに廻らないが、左に動かすぶんには何でもない。右にねじると痛いのだ。下を向くのはかまわないが仰向くと痛い。

左腕はなんともない。問題は右腕だ。指はきちんと動く。ただ右腕全体に脱力感があり、握力も落ちている。

時間を待って近所の整形外科へ出かけた。待合室にワンサと人がいて、すわるところがない。世の中に肩や腰や脚の痛い人がこんなにも多いことに気がついた。待合室に特徴がある。どことなくくすんでいて灰色の感じ。着古した服、あるいは作業服にサンダルばき。「単純作業」といわれる仕事に従事している人が多いのだろう。おのずと「低所得者層」と分類される階層である。

「いやぁ、参っちゃったヨ」

「さっぱり直ンないネ」

やりとりに独特の語調がある。わが身に照らして思いあたる。ペンでものを書く、そのくり返し。単純作業にちがいないし、注文がとだえたら収入ゼロだからリッパな低所得者層というものだ。

一時間あまり待って名前を呼ばれた。レントゲン写真、診察。首のすじがずれている。

「まず冷やして、それからあたためる」

「直りますか?」

おそるおそるたずねた。直ることは直るが、人それぞれで、一ヵ月の人もいれば一年の人もいる。

無口な医者で、言ったのはそれだけだった。無口というよりも、あとがつかえていて、いちいち相手をしていられないのだ。それに医学的には単純きわまる故障であって、説明するまでもないらしい。

首から肩を冷やし、湿布をした。お相撲さんに見かけるようなバカでかいしろもので、サロンパスのような特有の匂《にお》いがする。ときおり電車でこの匂いとぶつかって顔をしかめたものだが、自分が発散する身になるとは思わなかった。

生活が一変した。ペンが持てない。酒が飲めない。芝居に出かけてみたが、同じ姿勢で一時間といられず、途中で抜け出した。人と会えない。眠れない。痛みですぐに目がさめる。

一日の大半を籐椅子にすわり、もっぱら庭をながめていた。小鳥がつぎつぎにやってくる。これみよがしに羽ばたいて、飛び去っていく。五体のままならない人間にあてつけているかのようだ。

あれこれ原因を考えた。コトが起きたのは四月半ばだが、三月の大半はドイツにいた。一週間ばかりの仕事をすませ、主に北から西を旅行していた。帰ってきたのが四月の初めである。飛行機を乗り継いで十五時間ばかり、すわりっぱなし。そのあとすぐに四国へ行った。たまっていた原稿をホテルで書いた。

無理があったのはあきらかだ。しかし、自分では無理をしているとは思わなかった。体力には自信があった。

「老《おい》は漸《ようや》く身に迫って来る」

なぜか鷗外のエッセイ「なかじきり」の冒頭を思い出した。当年、六十一歳。

なかじきり　［中仕切（り）］　部屋の中の仕切り。

辞書にあるのは、これだけ。物理的な区切りのこと。鷗外はそれを精神的な状態をいうのに転用した。自分にとって、ある時期が終わり、べつの時期が始まっている、当人がそれに気づいていなかった。そういえば自分では半分がた、世の中から身を引いたつもりでいた。そのはずだった。勤めがない。他人に気をつかうこともない。しているのはおおかた自分の好きなことだけ。

ただどこか余裕がなくなっていた。数年前から個人訳『カフカ小説全集』というのをつづけていた。全六巻のうち五巻をすませた。最後の六巻目は七百頁ちかくある。あと十頁までにこぎつけていた。頁がへっていくのがうれしくて、自分ではそれと知らず、しゃかりきになっていなかったか？

そういえば月に一度は山へ出かけていたのに、この半年あまり山の空気を吸っていない。週に一度は夕方にフラリと近くの銭湯へ出かけていたのに、これもすっかりごぶさただ。自分はそれと知らず、寸暇をおしむ生活スタイルになっていた。

病院通いは十日でやめた。冷やしたあと、あたためる。電気治療というもののむなしさがわかったからだ。それにせっかく痛みを代償にしている。これを機会に体をもっと知りたいと思った。友人の紹介で指圧に通い始めた。正確にいうと足圧であって、足を使う。一回に一時間あまりかかるので、その間、この道のプロからいろいろ聞くことができる。

体が筋《きん》でできており、それがX形に交叉している。そんなこともはじめて知った。首と右肩の痛みは左足のつま先と無関係ではないのである。思えば当たり前のことなのだ。

医者は寝ちがえと言ったが、それだけでないことは本人によくわかっていた。原稿を書くようになって二十五年になる。おもえばその間、ずっと同じ姿勢ですごしてきた。十時間またそれ以上、すわりつづけていてもへこたれない。日ごろはノラクラしているのに、集中すると同じ十時間を三日、四日とつづける。さして苦とも思わなかった。もはやその時期が終わったのだ。あきらかに体がそれを拒んでいる。もはや引き受けない。痛みのかたちで拒否する何かがおどり出た。

わが身が少しずつわかってきた。老がまさしく体内にいすわっている。しこり、かたまりになり、こわばりをつくっている。精神は目に見えないからごまかしがきくが、体はそうはいかない。とすると体力があらわに見せたこの惨状を、精神がともにしていないと誰が保証できるだろう？

鷗外はたしか「わたくしは何をもしていない。一閑人《かんじん》として生存している」を理想としつつ、生きているかぎり、理想どおりにならないのを口惜しがった。せめてもの言いわけに「なかじきり」を書いたらしい。

あの朝からひと月たった。いま首は自由に廻るし、右腕もほぼ不自由がなくなった。現にペンを握ってこの原稿を書いている。カレンダーのしるしもふえてきた。

だが、やはり何かがちがう。五体がままならなかった先だってと同じように、籐椅子にすわり、庭をながめているのが多くなった。気がつくと、つい右腕を撫《な》でている。精神のこわばりぐあいを指ではかっているかのようだ。

ことばの発見　Ⅲ

手書きことば

私は手書きである。紙にペンで書く。編集者によると、もはや圧倒的少数派であって、百人に一人もいないらしい。

ものを書き始めたころ、ペンを握るとすぐに書いた。さもないと考えていたことを忘れそうな気がしたからだ。いちど書いて、書き直した。二度も三度も直した。校正のときも直した。

いまは紙に向かっても、なかなか書かない。ボンヤリしている。インクを入れ替えたり、コーヒーを煮たてたり、庭をながめていたり……。あるころから、こうなった。ことばが出てくるのを待っている。おのずと、自然に湧き出してくるのを待ち受けている。

分析的にいうと、それは前言語状態にあたるだろう。ことばの発見のすぐ手前にいる。厳密にいうと、前言語状態と言語状態の中間あたり。数分で言語状態に移ることもあれば、何日もかかるときもある。テーマと、それに応じる精神状態のバランスによる。すぐに書き出したからといって、安直なものができるわけではなく、何日も待ったからといって、よい出来になるという保証もない。

前言語状態を意識するようになってから、ずいぶんになる。文筆に手なれたからといって、前言語をすっとばすようなことはしない。これこそ自分の生命線だと思っている。すっとばした方がラクだし、効率的なことはわかっているが、それをすると文筆生活の生命そのものが尽きてしまう。泉をわが手で涸らすようなものなのだ。

マザー・グースの歌の一つに「テン・リトル・ニガーズ」というのがある。つまり十人の黒人の子ども。その十人のうちから一人ずついなくなる。最初の一人は、モノを食べていて、ノドをつまらせた。マザー・グースを最初に日本語にした北原白秋の訳では、つぎのとおり。

十人よ、黒坊の子供が十人よ。
お午餐《ひる》に呼ばれていきました。
一人が咽喉首つまらした。
そこで九人になりました。

おつぎは朝寝坊のため、寝すごしていなくなった。三人目は旅に出たきり帰ってこない。

「そこで七人になりました」

マザー・グースはイギリスの童謡をあつめたもので、ながらく口づたえにつたわってきた。白秋は「日本の子供たちに」と題したはしがきをつけ、歌の成り立ちについて述べている。はじめはただ何となくフシをつけて歌ったりしていたのだろうが、そうすると、どうしても忘れやすいので、覚え書きふうに書きとめておくようになり、そうすると書きとめたものが一つふえ、二つふえして、いつしか一冊の本にまとまるまでになった、というのだ。

おおかたが遊戯歌だった。手をたたいたり、足ぶみしたり、指遊びをしながら歌った。歌がまた別の遊びを工夫させた。「テン・リトル・ニガーズ」も、そんな遊びとともに歌われたにちがいない。

一人よ、黒坊の子供が一人よ。
いよいよ、たった一人よ。
その子がお嫁取りに出て行った。
そして誰《だあれ》もいなくなった。

いま訳された日本語を読んでいるが、「テン・リトル・ニガーズ」のメロディーを知っていたら、奇妙な読書体験をするだろう。意識的に文字で読むのと平行して、無意識のうちにおなじみの歌を聴いている。風がささやくように、耳元でメロディーが流れている。いわば言語状態と前言語状態といったものを、二つながら同時に体験する。「テン・リトル・ニガーズ」がどんな遊びなのか知らないが、わが国の「花いちもんめ」と似た遊びのような気がする。一方が「勝ってうれしい花いちもんめ」と歌うと、もう一方は「負けてくやしい花いちもんめ」と応じ、つづいて双方が声を合わせて「ふるさとまとめて花いちもんめ」となってジャンケンをする。

あの子がほしい
あの子じゃわからん
なっちゃんがほしい
ジャンケンポン

ジャンケンに負けると、その組から一人が消える。幼いころの歌について書いたエッセイのなかで、寺山修司がこの歌にふれている。「ふるさとまとめて花いちもんめ」では意味がわからない。ほんとうは「ふるさとともとめて」ではあるまいか。

そう思いこんでいたところ、わらべうたを調べている人から手紙をもらった。それによると、「花」というのは植物の花ではなく娼家の花代のことで、いちもんめというのは金銭の単位。これはもともと人身売買をなぞったもので、貧しい村で不作がつづくと、娘が身売りする。ふるさとまとめて（捨てて）、たった一匁《もんめ》の花代で買われていったことを歌ったものだという。

そういわれてみると——と寺山修司は書いている——「あの子がほしい」「この子がほしい」というのは傾城《けいせい》の人買いたちで、「あの子じゃわからん」と応じるのは、貧しい親たち。「買ってうれしい花いちもんめ」の人買いに値切られた親たちは、「まけてくやしい花いちもんめ」とやり返す。そんなやりとりを子供たちが聞いていて、あどけない声でまねながら歌にした——。

それが正しいかどうかはわからないが、歌の発生には共通して、ある前言語状態といったものがあるにちがいない。感覚の高まりであって、悲しみの場合は、こみ上げてくる嗚咽《おえつ》になる。よろこびの場合はラララとかランランランといった声になる。ことばがフシをとり、リズムをもって躍動する。

いつだったか、オーストリアの山岳都市インスブルックにいたとき、土曜日の早朝、登山の人たちがつぎつぎと町の広場にやってきた。見上げると山で、その上も峨々とした山、天に突き立つように白々とした石灰質の岩山がそびえている。

バス待ちのあいだ、どこからともなくヨーデル特有の声が聞こえた。声にならない声であって、「エリエリホー、ホリホラホー」といった感じ。輝く山々を前にして、ごく自然にノドから出る声だった。前言語状態から言語状態へ移行する過程が、もっとも素朴な声を通して示されていた。

ペンを手に、そんな過程をじっと待っているのは不便だろうといわれるが、そのかわり書き終えた段階で、すべてが終わっている。校正のとき、誤字を直すことはあっても、書いたものは、ほぼ直さない。スペースのかげんで書き足すことはあるが、それもめったにない。パソコンでは直し、入れ替え、自由自在だというが、別にそれをどうとも思わない。直さないのが、もっとも自由だろうと考えている。

やにさがる

先に図版を見ていただこう。「女の旅」のお題に、風俗画家の三谷一馬が絵をつけた。女二人の旅に、お供が荷物を担いでいく。もう一人、男がついていて、どうやら用心棒をたのまれたらしい。女同士が何やら話している。「やはり頼りになる男がいると安心だねェ」ないしょ話みたいだが、お世辞まじりに聞こえよがしに言った。男が聞きつけて、「なんてやんでェ、オレだって忙しいんだ。ゼヒにというから来たまでヨ」とか何とかほざいて、しかしうれしくてたまらず、口にくわえたキセルの先っぽをグイと上にあげた――いうところの「やにさがる（脂下がる）」である。

紙巻きタバコの出る前は、刻《きざ》みタバコをキセルにつめてふかした。タバコにはやに

（脂）がつきものだ。キセルの先端を雁首《がんくび》といって、取り外しができる。ときおり取り外し、くだのところのやに取りをした。

図の男は空のキセルをくわえただけだからいいが、もし喫煙中だと、熱いやにが下にさがってくる。いい気になってニヤついていると、「アッチッチ」とばかり、とび上がった。やにさがった男に見舞うおなじみの風景だった。

歌川広重の浮世絵旅シリーズ『東海道五十三次』を見ていくと、いたるところにタバコのみが描かれている。腰掛けの飛脚が休息して一服、馬子が一服、ひとり旅の武士が歩きながらキセルをふかしている。客にアブレた駕籠かきが一服。宿場人足、茶飲みの老夫婦、山仕事帰りの男、きまってキセルを口にくわえている。

荷をせおった女がくわえギセルの男に、キセルを差しつけているのは、火を貸してもらいたいと声をかけたのだろう。キセルからキセルに火を移すとき、単に雁首をくっつけただけではダメであって、借りる方が勢いよく吸いこまないといけない。そんなときのちょっとしたやりとりから、男女の仲が始まったりした。

タバコが日本に伝来したのはいつのことか、正確なところはわからないが、たちまち全国に広まって、やがて各地に名煙が生まれた。甲斐には小松、葉袋、信濃には玄古、保科《ほしな》……味とともにシャレたネーミングでブランドを競った。

「花は霧島、タバコは国分《こくぶ》――」

コマーシャルソングが名前を覚えさせた。「たばこと塩の博物館」に見る資料によると、文政三年（一八二〇）に生産地から江戸に運ばれたタバコの量と、当時一一〇万と推定される江戸の人口から喫煙率を割り出すと、「非喫煙者は一〇〇人のうち、二、三人」だったはずだという。老いも若きも、男も女も子供までもプカプカやっていたわけで、喫煙率九七・八％。花のお江戸は世界でも類のないスモーカー都市だった。

だからこそ「やにさがる」といった愉快な言葉が生まれたのだろう。パイプと比べるとよくわかるが、パイプは、やにが直接口元にこないように先端とのみ口のあいだがグニャリと曲がっていて、やには底にたまる。いっぽうキセルはまっすぐであって、羅宇《らう》（またはラオ）とよばれる竹のくだの部分にやにがたまり、いい気分になって得意げにキセルの先端をもち上げると、舌をやけどするはめになった。

刻みタバコは細かく刻むほどマイルドになった。広重版画に見る往来のタバコのみの会話には、火の借り貸しのついでに刻みぐあいも話題になっていただろう。タバコ職人のなかには、「こすり」とよばれ、髪の毛の細さに刻む名人気質もいたらしいのだ。

キセルにかぎらず、当時のタバコ盆やタバコ入れ、火付け道具など、どれといわず工芸品のように美しい。

江戸だけではなかった。つい昨日の昭和にもタバコ文化はあった。健康とからめてタバコが嫌われものとなった当今では想像もつかないが、「今日も元気だ、タバコがうまい」のコマーシャルがまかり通っていた。成人になると若者はいそいそとタバコをふかした。シャレたシガレットケースやライターを見せびらかす手合いがいた。モテた話をするとき、気どった手つきでタバコを指にはさみ、ついでくわえ煙草で顎をつきだした。巻きたばこでヤニさがっていたわけだ。

いなせ、あだ

ここは千葉県木更津《きさらづ》。東京から快速で一時間と少し。少し遠出の散歩にいい。町を出て、夜は居酒屋、ビジネスホテルに一泊して朝帰りの予定。

駅前の商店街は「与三郎通り」といって、標識に白塗りのいなせな男のポートレートがついている。「切られ与三郎の町」ともある。切られとはおだやかでないが、芝居の話であって、正確には「よはなさけ、うきなのよこぐし（与話情浮名横櫛）」。江戸の色男与三郎が、遊びがすぎて親戚預けとなり、木更津にやってきた。昔の親は、そんなふうにわが子をおっぽり出したらしい。

与三郎通りをブラブラ行くと港に出た。木更津港内港といって、新しく整備されたエリアである。旧港は少し北に突き出た出島のわきで、コンピラさまの常夜灯が立っている。船着き場は「北河岸《かし》」とよばれていた。

与三郎とお富は芝居ではなく、はるか以前に流行歌で知った。春日八郎の「お富さん」が大ヒットしたのは、たしかこちらが中学二年のときである。

粋《いき》な黒塀《くろべい》　見越しの松に
仇《あだ》な姿の　洗い髪

つづいては「死んだはずだよ　お富さん」。中学生は歌うとき、「おッとみッさんの」と、ヘンなアクセントをつけた。「生きていたとは　お釈迦さまでも　知らぬ仏《ほとけ》の　お富さん」――。

ずっとのちに知ったことだが、春日八郎の歌は、ほぼ正確に芝居のストーリーをとらえていた。与三郎は港の顔役の女房お富と知りそめ、いつしかわりない仲となり、密会が見つかって、親分の手下にメッタ切りにされる。お富は海へ身を投げた。

両名とも命は助かったが、与三郎の顔に三筋の疵《きず》がのこった。やくざ者コウモリ安《やす》の弟分になってユスリに出かけた先で、はからずもかつての女とバッタリ出くわした。まったく生きていたとは「お釈迦さまでも　知らぬ仏の　お富さん」なのだ。そのとき口にした恨みごとが、有名な「しがねェ恋の情《なさけ》が仇《あだ》――」。

いなせな男とあだな女の恋の情は中学生には難解すぎたが、いまとなればよくわかる。

いなせ　〔若い男性が〕いきで、勇み肌な様子。

「勇み肌」というのがよくわからないので、こちらにもあたってみた。

勇み肌　男気が有って、威勢のいい気風《きっぷ》（の男）。

「男気」というのがまた、わかるようでわからない。

男気　弱い者が苦しんでいることを知って、黙って見のがせない気性。

やっとのみこめた。港町の中年親分の囲い者お富に同情して、勇み肌の与三郎が男気を出したばかりに、顔に疵もちのアウトローになった。お富については「仇な姿」しかわからないが、それで十分である。

あだ　〔女性が〕性的魅力をからだ全体から発散する様子。

ふつう「あだっぽい」といった使い方をする。そんな女が湯上りの洗い髪で迎えてくれたのだもの、どうころんでも、わりない仲になろうというもの。

わりない　理屈を越えて、そうなった。〔（男女が）他人ではない〕仲となる木更津散歩のおかげで、中二以来の難問が解決した。

浜手の海浜公園では、松林の中に着物姿の女性のブロンズ像が三体。手振りよろしく踊っていた。木更津甚句《じんく》を記念したもので、おはやしことばがヤッサイ、モッサイ、ヤレコラ、ドッコイ。「木更津照るとも　お江戸は曇る」。そんな歌い出しで、「可愛い男」をめぐり、ヤッサイ、モッサイとなるらしい。

甚句というものにウトいのでよくわからないが、かつて旦那といわれた方々が花街でたしなまれたリート&ダンスだったのだろう。木更津はいまも千葉県で唯一検番《けんばん》がある町だそうだ。芸者衆をコーディネートするところで、そこでは木更津甚句をはじめ、歌《か》舞音曲《ぶおんぎょく》がきびしく伝授されている。

町の氏神さま、八劔八幡神社の案内板によると、木更津は単なる内港の一つではなく、徳川幕府お墨つきの特権をもっていた。ことは遠く大坂夏の陣にさかのぼる。大坂攻めの徳川方の軍団物資の運搬を、木更津の水夫が受けもち、命を落とした者もいる。家康は恩誼《おんぎ》を忘れず、木更津衆の船が江戸・日本橋の河岸に入るとき、まわりの船を押し分けてもいい特権を与えた。「ヤッサイ、モッサイ」は「ヤレ通せ、ソレ通せ」であって、木更津の船が権現さまの旗じるしを揚げて押し通った。そうやって木更津は相模・上総の船運を独占して、物流の富が流れこんだ。おのずと当地を舞台とする芝居のヒロインは「お富」と名づけられた。

この夜は、花街の面影をのこす小路の居酒屋にした。川崎・木更津を結ぶ「東京湾アクアライン」のせいで、客を川崎にとられると、店の主人がボヤいていた。アクアラインは「あだ花」で、「ヤッサイ、モッサイ」とはならなかったらしい。こちらのあだは「徒」と書いて、ムダの意味。

忖度

先ごろの国会で奇妙な言葉がやりとりされていた。「忖度」である。「そんたく」と読む。漢字で出されたら、おおかたの人が読めなかっただろう。委員会の審議は口頭なので「そんたく、そんたく」と聞いてソンタク某の固有名詞と思った人がいたかもしれない。

正確にいうと、やりとりにはもう一語あって、二語がコンビで使われた。「便宜や忖度がなされたのではないか」。これに対する政府答弁、「便宜や忖度がなされたことはたえてない」。

「便宜」はわりとおなじみだろう。「便宜的」「便宜上」といって、本来願っていたものではないが、さしあたりそれにつぐか、現にあるものでまにあわせるときのごく日常的な言い方である。ただ「便宜を図る」「便宜を与える」となると、やや不穏なにおいがしてくる。「特別のはからい」であって、そのときの都合で応分の処置をしたことを含んでいる。

忖度「他人の気持をおしはかる」意の漢語的表現。

ためしに別の辞書でたしかめてみる。

忖度「先方の気持ちをおしはかる」

（『岩波漢語辞典』）

国会審議では二語がコンビで使われたが、意味はずいぶんちがう。便宜は特別のはからいをするわけだから、それが露見するとマズイ場合は口裏を合わせる必要がある。前もって打ち合わせて、話の中身がくいちがわないように手を打っておく。便宜を図るにあたり、口きき役がいたかもしれず、それとなく口添えした人物も想定される。口裏、口きき、口添え。それに余計な口を封じるための口止め。口尽くしで口頭のやりとりは虚空に消えて証拠がのこらない。

その点では忖度も同じだが、これはもっと微妙な事態に応じている。「他人の気持」「先方の気持」を当事者がおしはかる。おしはかるだけだから、ことさら口ききや口添えを必要とせず、口裏を合わせるまでもない。おしはかってコトをすすめるのであれば便宜を図ったのだから、その「特別のはからい」が問題になるとしても、便宜を図って特別のはからいをしたのではなく、コトをすすめるにあたり、「先方の気持」をおしはかったまでで、厳密にいうと、おしはかったのかもしれないが、他人の気持ちをおしはかるといった微妙な心理的経過は誰にも立証されず、当人にすらはっきりしない。そんな「忖度」疑惑であって、いくら審議をしても、何が判明するとも思えない。

ただし、歴然と判明したことが二つある。

一つ。ふつう一国の総理夫人といえばとびきりのファーストレディであり、教育、福祉、公共のイベントなどに晴れやかに登場して花をそえる役まわりだが、現内閣総理大臣夫人は、はなはだセコイ現場がお気に入りで、誰がみてもアヤシゲな人物にチヤホヤされるのがお好きとみえる。

もう一つ。

いっさい証拠がのこらない口尽くしによるはからいごとであって、おのずとこともなく進行するはずが、なぜか、どこからともなく人の「口の端《は》」にのぼり、うわさになる。世人は自由に忖度して、ひそかにありえた経過を思いえがく。

クダを巻く

ビール、日本酒、焼酎、ワイン、ウィスキー、毎夜どれかをたしなんでいる。ほかのことはわりと気まぐれなのに、アルコールとなるとリチギそのもので、何がなくともこればかりは欠かさない。たえずストックに目くばりして、おりをみていそいそと買い出しにいく。

酒好きの人はごぞんじだろうが、空腹のときに飲むと、一段とうまい。だから夕食までは、なるたけものを食べない。何かのかかわりでケーキのお相伴にあずからなくてはならないなどのときはナサケナイ。涙をのんで腹に収めるが、うまくもなんともない。相手しだいで理由をかまえて断る。これすべて夜のお酒をおいしく飲みたい一心からである。

酒好きの方は、これまたご承知だろうが、酒は少し過ぎるころあいがいちばんうまい。体と酒とが一体となり、両者の区別がつかないといった感じ。やや飲み過ぎはわかっているのに、まさにその峠を越したあたりが、とくに味わい深く、楽しくてしかたがない。おのずとクダを巻く状態に移行する。われ知らず、つまらない話をくどくどとくり返す例のやつ。はるか大昔に生まれた言い廻しとみて、糸車で糸をつむいでいたころにさかのぼる。細長い筒状の管《くだ》を糸車の「つむ」に挿《さ》して、糸を巻き取るのだが、糸車をまわすと、管が単調な音を立てる。酔っぱらいのくどくど話になぞらえた。やがて目がトロンとして、口つきが怪しくなり、舌がもつれて、ロレツがまわらない。

ろれつ　〔「呂律（ロリツ）」の変化という〕「調音」の意の口語的表現。

これだけでは何のことだかわからない。漢語辞典などにあたってみたところ、音楽の基準とされる十二音階のうち、陰の六音を呂、陽の六音を律という。音階がメチャメチャであって、いかにも酔っぱらいのものの言い方である。やがては、首を振ったり、上半身がかしいだり、うっかり手の容器を落っことしたり。パーティなどのときは進行係が先手を打っておなじみのセリフで割って入る。

「宴もたけなわではございますが――」

このたび初めて知ったのだが、「たけなわ」の漢字は「酣」であって、酒を飲んで楽しむからきており、酒が甘い状態である。うまい盛りながら、長くはつづかない。ピークはほんのいっとき。それが「たけなわ」で、宴以外にも「春たけなわ」と言って、言外に短い春をつたえている。「齢《よわい》たけなわ」とすると、少し盛りを過ぎたタイプをいうようだ。

酔ってクダを巻く飲み助は閉口だが、といって、いつもキチンと切りあげ時をあやまたないタイプも好きになれない。ほどよく飲み過ぎて、多少とも前後を忘れるぐらいが適度の飲み方ではあるまいか。

呑ん兵衛、大酒くらい、酔いつぶれ、グデングデン、千鳥足……。地球上どこででも出くわす。だからどの国の言葉にも、これらに応じた表現があるはずで、ドイツ語にも多くあって、ほぼすべて日本語と対応する。

親しい仲間なら面と向かって「酔っぱらい」といってもいいが、個人のパーティなどのときは厄介である。御老体がみこしを据えて、クダを巻いている。主人はドアのうしろで腕組みし、渋い顔。奥方はふくれっつら。そんなとき、酔っぱらいを酔っぱらいといわずに酔っぱらいというときのドイツ語の言い方がある。奥方がことさらにこやかに笑顔をつくって近づいてくる。

「後光がさしてますよ」

「おや、ま、モーゼの目をなさってる」

「いいことどっさりなさいましたね」

謎かけのような言葉を聞いたら、即座に退散すべきである。

どこで見つけたのか、漢詩の片ワレを切りとって手帳に貼りつけている。

莫漫愁枯酒
囊中自有銭

漫《ミダ》リニ酒ヲ枯《カ》ウコトヲ愁《ウレ》ウル莫《ナカ》レ、財布にはそのための銭がおのずとあるものだ、といった意味。

ふくろ

私は「人体＝ふくろ」説をとっている。頭や手や性器や足に分岐していて、なんとも複雑にして珍妙な形ではあれ、全体としては一つのふくろにちがいない。それが証拠に、このふくろの誕生をもたらしてくれたおひとを、親愛をこめて「おふくろ」と呼ぶではないか。

ふくろ【袋】 紙・布・革を張り合わせたり縫い合わせたりして、何かを入れるように作ったもの。一方に口が有り、用の無い時には折り畳める。

かつては刑罰として、一個のふくろである人体を、さらにふくろに入れて叩いたりした。そこからおおぜいでふくろ状に囲んで、てんでに殴るのが「ふくろだたき」である。殴られたり蹴られたりしなくても、憎まれたり、そねまれたり、おおぜいの人からひどい目にあう意味でもある。行き止まりになっている小路は「ふくろ小路」で、行き止まりの空間から、何であれ行き詰まった状態を指す。そんな状態に追いこんだのが「ふくろのネズミ」。昔の人は「ふくろ耳」などと言ったものだが、かごやざるにくらべて、ふくろは入れたものを洩らさないからだ。そこから一度聞くと二度と忘れないのを「ふくろ耳」と言うようになった。

人体＝ふくろ説をとると、人間の一生がよくわかる。幼児はよだれを垂らすし、おしっこやウンチを洩らす。ふくろがまだふくろとして完全ではなく、隙間があるからで、そこから体内の水が洩れるわけだ。人体は七〇パーセント強が水分というから、よだれ、おしっこその他として外に出てくる。以前は目ヤニや耳ダレなどをよく見かけたのは、当時は栄養状態が悪く、つまりはふくろのつくりが劣悪なため、目や耳など外に開いた器官のゴミといっしょになってにじみ出た。

二十代から三十代は人体ぶくろの全盛期であり、つやつやしていて張りがある。若い女性など、中身をふっくらとつつみこんで、満開の花のように匂うばかり。それが四十代になると、たわみ始め、たるみが生じ、シワが忍び寄る。エステなどに通うのはこの歳頃からで、揉んだり引っぱったり刺激するのだが、洋服にアイロンをあてるのとはちがい、生身のふくろのシワやたるみは、どうにもならないのではあるまいか。

男はサウナに通ったり、マッサージに精出す。エステの男性版であって、同じく揉みほぐしたり引っぱったりしても、努力におかまいなしに腹部がセリ出してきて、使い古しのふくろの形が崩れ、へんに一方にふくらんだしろものになるのとそっくりである。

さらに劣化はすすんでくる。中高年組が肩にサロンパスを貼り、指先をバンソーコーでとめていたりする。使い古しのふくろの折り目をセロテープで補強するのと同じで、さしあたりは応急処置でしのいでいる。

老人はよく、ちょっとしたことにも涙ぐむ。クシャミをした拍子におもらしをしたりする。ふくろものには、気づかないうちに針でつついたような穴があいていたりするものだが、それと同じで、人体全体が洩れやすくなっていて、何かのはずみで小量がこぼれ出る。

老化した人体は未完成のふくろと同じと思えばよいのであって、幼児のときのように老人はよだれを垂らし、おしっこやウンチを洩らす。おしめの世話になる点でも瓜二つだ。そしていまや幼い者たちと同様に、生殖器はシモの用途だけの役まわり。

この身がふくろだと思えば、最後の処置も簡単である。もはや用なしのふくろはクルクル丸めて屑箱にポイをする。まさにそのように処分するのが、人体ぶくろのあるべき姿というものである。

シャンパン

姪の結婚式に出たら、乾杯はシャンパンだった。テーブルごとに一本ずつあてがわれ、ボーイさんが栓の針金をほどいて、こころもちコルクをゆるめた。あとは列席の人が栓抜きをする。そんな演出になっていて、どのテーブルでもお役目の押しつけ合いがあった。「シャンパンは苦手」というのが辞退の理由で、引き受けた人もへっぴり腰。やがて次々と派手な音がして泡が噴き出した。コルクが天井まで吹っとんだテーブルがあって、ワッと歓声が上がり、座が一気に盛り上がった。

ヘンな飲み物である。栓を抜くときがいちばんの「ごちそう」で、噴き出す泡が中身なのだ。少なくとも泡が消えると、へんてつもない甘味飲料である。ワインらしからぬ甘さは、醸造の最後の段階で砂糖入りの混合液を加えるからで、醸造業者は「門出のリキュール」と称している。そんな異端のワインが、どうして世界中の祝事に欠かせない飲み物になったのだろう?

シャンパン〔フ Champagne〕フランスのシャンパーニュ州原産の、炭酸ガスを含む白ぶどう酒。おもに祝宴の席で使う。

シャンペンとも言って、その音に合わせ、かつては「三鞭酒」と書いた。
地図でたしかめると気がつくが、シャンパンの故里シャンパーニュ地方は、広大なパリ盆地の東部にあり、マルヌ川流域にあたる。第一次世界大戦最大の激戦区で、「マルヌの会戦」のあったところだ。殺し殺されの戦闘が果てしなくくり返され、一メートルあたり死者何人と数えるほど多くの戦死者が出た。とすると祝事につきものの白い飲み物は、ひとしお赤い血に染まった土地の産物ということになる。
とりわけ貧しい土地が、良いシャンパンをつくってきた。またこの白ワインのもとは

「黒いぶどう」ときている。さらに伝わるところによると、はじめてシャンパンを商品化したシャンパーニュ人は、泡を取り除くために悪戦苦闘したらしいのだ。そんな矛盾だらけの条件のもとに、泡が中身であるような飲み物が誕生した。

かつて瓶を開けるのは、たいてい女性の役目だった。コルクが飛んで泡が噴き出る。その情景に何を連想したのか、カトリックの司祭が詩を作っている。

ごらん、歓喜に満ちた甘美な液体が
美しい指先の下でほとばしり
流れ出すのを。

（ドン＆ペティ・クラドストラップ、平田紀之訳『シャンパン歴史物語』白水社）

結婚式の披露宴にシャンパンがつきものなのは、「美しい指先」と「歓喜に満ちた甘美な液体」が別の何かを思い出させるせいらしい。少なくとも、この詩が暗示するところを思っていると、退屈な結婚式の祝辞も苦にならないのではあるまいか。

シャンパンメーカーは商品向上につとめるかたわら、独特の「外交販売員の小さな軍団」を育て各地に派遣して、きわめて短期間のうちに祝いの飲み物を世界中にひろめていった。ナポレオン戦争のころ、一気に販路がひろがったという。ヨーロッパのいたるところで、ナポレオンの軍団のうしろには、きっと「小さな軍団」がつきそっていた。勝ち戦となれば将校たちの祝勝会となる。外交販売員が手早くシャンパンを運びこみ、そうやって征服した土地に販売網をひろげていった。コルクが吹きとび、泡が噴出するしくみは、いかにも戦場の祝勝会にピッタリである。

第一次世界大戦勃発の年は、例年になくぶどうが完熟した年だった。砲弾がふりそそぎ、人々がとめどなく死んでゆくのを目のあたりにしながら、農夫たちは摘み取り作業をつづけた。シャンパンには原則としてヴィンテージはつかわないが、とびきりの秀作年には、その権利がある。人間の血と引き替えに国宝級の一九一四年物が生まれた。

いいことばかりでもなかった。シャンパーニュの人々にとって、ロシア革命は忘れられない出来事だった。ロシア貴族をヨーロッパ最大の上得意としていたからで、革命で一気に大顧客を失った。ロシア共産党はシャンパンを排撃して、ウォッカを愛国的な飲み物として推奨した。シャンパンメーカーはロシア貴族には信用貸しで販路をひろげた。その没落とともに数百万本の売掛金が踏み倒された。

シャンパンは「エスプリの味」をキャッチフレーズにしている。たしかにエスプリと同じで、多すぎれば中身が吹っとぶし、足りないと気の抜けた飲み物になる。

通、通人

ひところ通人とよばれる人がいた。実際によばれていたかはともかくも、雑誌などに登場するとき、肩書は「通人」となっていた。そんなに遠い昔ではない。私は高校生のころ、果たしてこの人は何をする人なのか首をひねった覚えがあるから、一九六〇年代にはまだ健在だった。今では政策通、財政通、競馬通などといわれる人はいるが、通人は跡を絶ったようだ。

通人とくると、まっ先に思い浮かぶのは菅原通済である。姓はたしかにスガワラだが、名前はこのとおりかどうか、「ツーサイ」とよびならわしていた。通人の代表のようにして、よく「文藝春秋」などのグラビアページを飾っていた。いつも着物姿で、白足袋をはいていた。着物というより「お召物」といった感じで、品がよく、高そうで、威厳すらあった。白髪を揃え、面長で、キレイどころをはべらせ、にこやかな顔。場所は神楽坂や赤坂の料亭が多かったような気がする。

いまだに何ものであったのか、まるで知らない。通人は表向きで、裏は政界のフィクサーといわれるタイプ、そんな噂を耳にしたことがあるが、事実だったかどうか。黒幕であれば、そうそうオモテには出ないと思われるが、スガワラツーサイ先生は世間に知られた顔だった。ともあれえたいの知れぬ人物であって、通人とでもワクづけるしかなかったのかもしれない。

つう【通】 ㊀芸能・花柳界・趣味・道楽などに関する面について、特殊な知識を持って・(内部の事情に詳しく通じて)いること。また、その人。

なるほど、政界の内部事情に通じていれば、その「特殊な知識」を背景に、隠然とした力を発揮することもできる。そういうナマ臭い場合のほかに、可愛げのある意味もあるようだ。

㈡――な　人情の機微、特に男女間の関係について、自己の体験上、思いやりの有ることと。

スガワラ先生がキレイどころにモテたのは、こちらの意味によってかもしれない。「自己体験上」がキーポイントで、自分も男女間のことでさんざん苦労したことがあり、元手をたっぷりかけた上でのアドバイザー役である。そこから「通なはからい」といった言い廻しが生まれたものと思われる。ときには身銭を切ってでも味のある解決策をこうじてやったのではなかろうか。

何々の通だと言われることは、何によらず身ぶるいがするが、特に、食物の通だと言われることはつらい。

（池田彌三郎『私の食物誌』）

いま、ある世代以上の人は池田彌三郎（一九一四 - 一九八二）を憶えている。銀座の名代のてんぷら屋の生まれ。長じて折口信夫のもとで日本芸能史を学んだ。慶應大学で教えるかたわら、芸能、民俗、さらに人生一般について洒脱な語りで人気があった。『私の食物誌』は一年三百六十五日、一日ずつ割りふって食物を語ったものだが、よほどの学識とともに、並外れた舌の教養がなくてはかなわないことである。

ある日のくだり。通ぶって、白魚は博多名物「シロウオのおどり食い」にかぎるとい う人を、やんわりとたしなめている。シロウオと白魚は別の魚であって、白魚は「シラウオ科」、シロウオは「ハゼ科」の魚。自分もためしに「おどり食い」とやらを食べてみたが、「博多ッ子にはわるいが、うまいとまでは思わなかった」。

白魚の値をいうのに「ひとちょぼ」いくらという単位があったそうだ。ひとちょぼは二十尾のこと。バクチの隠語の「ちょぼ」は二十一のこと。漁師の女房が「二十でひとちょぼ」にしてしまい、ごまかしの値が定まってしまった。だから『江戸名所図会』の「佃煮白魚網」の景に「白魚に値あるこそ恨みなれ」の句があらわれている——。

彌三郎先生はこういったことを、ごく自然に言える人だった。生まれ、育ち、また学識からも、自他ともに許す「大通」というものだが、『食物誌』をしめくくる大晦日の項に、右のセリフを書きつけている。通ぶった人に特有の自己顕示と自己満足、またつけ焼刃の教養が鼻もちならなかったのだろう。

ついでながらこの日の食物はてんぷらで、右の言葉につづけて、気取ってレモンをかけて食べるような大層なものより、ごまの匂いのぐっとくる、こってりしたのがいいと述べている。「野暮と言われたって、その方がうまいのだから、何も遠慮することはないと思っている」

ほんとうに食に通じた人はこのようにこだわりがなく、味覚に忠実で、自由なものだ。揚げもののなかでは「カツレツが一番好き」というからうれしいではないか。

関西弁のスピード

関西の生まれ育ちなので、最初に身につけたのは関西弁だった。大学入学とともに関東の言葉、東京弁の中に移ってきた。教師になって赴任したのが関西だったので、関西弁に舞いもどった。数年で勤め先が変わって、またもや東京弁。

はじめて東京に来たとき、話すスピードにとまどった。最初の恋人は、いわゆる下町生まれで歯ぎれがよかった。関西訛で返事をすると、「おっとりしてるわね」と言った。まだるっこしいのを、そんなふうにカモフラージュしたのだろう。こちらもすぐわかって、なにやら劣等感を覚え、速く言おうとして舌がもつれた。

ずっとあとになって気がついたが、おっとり言葉であっても、スピードの点で劣るわけではないのである。

（東京弁）	（関西弁）
いらっしゃいますか	イハルカ
行きません	イカヘン
してくださいますか	シトクナハレ
ちょっとお待ちください	チョットマチ

文字数からして、すぐにわかるが、音節、途中の音をとばしてつなぎ合わす。極限まで省略する。「私は先に帰ります」などと口せわしなく言うことはない。「ウチサキカエル」と電文体ですませるからだ。意味は速いのに速度感に乏しいのは、メリハリのきいた音が少ないせいだろう。「買った」といわずに「買《こ》うた」と言うように、歯ぎれのいい促音を嫌う。そのくせ清音に代わる濁音の場合は促音を入れたりするから、よけいにもっちゃりした感じがする。たとえば「ソーダッシャロ」「違イマッシャロ」「損ダッ

セ」……。

マッシャロとはへんな言い方だが、「ますだろう」が変化したのだろう。ダの子音が脱落して、スが促音化し、さらに語尾を短音化した。「損ダッセ（損ですよ）」のダッセがどうしてできたのか。国語学の先生によると、「損ダスゼ」のゼの音が脱落するに際して、マッシャロと同じような促音化の変化が生じたというのだが、私にはよくわからない。

「知らない」を「シレヘン」と言うのはまだしも、丁寧語として「シレシマヘン」となるのは奇想天外というほかない。いずれにせよ、巧みな省略と結合のもとに、まだるっこしい口調であれ、意味が時空を矢のように飛ぶことはたしかである。

接尾の助詞が融通無碍《むげ》で、「勉強シタンヨ（勉強しました）」のヨ、「ソヤガナ（そうですがね）」のナ、「エロウオソナッタワ（すっかり遅くなりました）」のワ。東京弁で「知らないワ」「いやだワ」と男が言うと、ヘンな目で見られるが、関西弁では男女平等である。

そんなこと知ランワ、それエーワなのだ。

ナンヤネ（何ですか）、ソヤロカ（そうだろうか）、イツヤッタカイナ（いつだっただろうか）のように、やわらかなネやカやナがつくと、意味は早いが、のんびりした言い方にとられるだろう。タノンマス（たのみます）、スンマヘン（すみません）、ヤッテハッタンカ（していなさったのか）などの省略話法は、どんな手続きであみ出されたものか。母音が脱落して変化したのか、はたしてどうなのか。成り立ちは私には見当もつかないが、使うとなると、らくらく使えるのである。「何をしておられたのか」と問うのに、「ナニヤッテハッタン？」とおしまいの「ン」を上げてすませるなど、効率化きわまったケースにちがいない。

省略しすぎて、同じ形でも意味がまるきり違うことがある。

タベントソンヤ（食べないのは損だ）

タベンノヤッタラ（食べるのであれば）

同じ言い方で正反対にあてている。

関西人がよく口にする「サヨカ」もそうで、「さようですか」というからには疑問形にちがいないが、「そんなことはありません」の意味を、どっちつかずに言った場合も大いにある。ことさら、はっきりさせない商人の知恵から出たのではあるまいか。

――などと、したり顔して述べたりすると、大阪の人は神妙な顔つきで、「サヨデスナー」「ソウデッシャロ」とうなずいてくれるだろうが、真意は誰にもわからない。

とちる

　もともとは歌舞伎の幕内の言葉だったようだ。セリフや仕ぐさをまちがえること。口頭で生まれた言い方なので由来はよくわからないが、とちめく＝うろたえる。それを擬人化したのが「とちめんぼう（坊）」。あわてて騒ぐのを、「とちめんぼうを振る」、「とちめんぼうを踏む」と言った。セリフをとちっただけでなく、そしらぬふりで通せばいいのに、あわてふためいて、ドジをしでかしてしまう。相手役は舌打ちの一つもしたくなるというものだ。

　単にとちるのではなく、当人はいっぱしの役者のつもり。そんな前提があっての言葉ではなかったか。みなは大根だと思っているのに、自分では名優のつもり。気どってセリフを言おうとするものだから、うまくいかず、アワをくい、まごついて、さらにぶざまにやりそこなう。

さしずめ先だっての安倍内閣の女性防衛大臣を思い出すのだが、当人はドイツ・メルケル内閣の女性防衛大臣が意中にあったのではなかろうか。すでに数年来、ドイツの国防問題を一手に引き受けて信頼あつい。明敏、鋭利、名門の出で、弁が立ち、痩身で美しく、スックと背を正して閲兵《えっぺい》するところなど、よそのお国の政治家ながらホレボレする。

やはり大根は一日にして千両役者にはなれないのだ。こちらでは、とちめんぼうのかぎりをつくして舞台からいなくなったが、いつも、なぜこんな事態になったのか、いったい自分はどこでどうしくじったのかもわかっていなかったのではあるまいか。

とちりの兄弟分に「早とちり」がある。早合点をしてセリフをまちがえること。この手の人物は人の言うことをきちんと聞かず、ひとりぎめしてピント外れの言動をする。とちり大臣の親分のせきこんだような余裕のない話し方からすると、こちらは早とちり型と分類していいだろう。前代未聞の認知症的新アメリカ大統領のもとへ、まっ先きって駆けつけ、いっしょにゴルフをする御仁だもの、早とちりもいいとこなのだ。

文学の世界の「とちり人間」として、すぐさま思い出すのがいる。森鷗外の小説「雁」に出てくる。名は末造《すえぞう》といって、女房がお常《つね》、幼い子供が三人、職業は高利貸。今風にいえば、新興のファイナンス社長。

ふつう「雁」というと、映画でもそうだったが、帝大の学生と囲われ者の若い女との淡い恋物語とされているが、まるきりちがうのだ。

そもそも東京帝国大学医科大学学生岡田とは何ものか？　ガリ勉ではなく、そこそこにやって中より下には落ちない。一日の時間がはかったように決まっていて、バカな遊びは一切せず、月々の下宿代をきちんと払い、下宿屋のかみさんの信用は絶大である。美男だが、ヒョロヒョロのうらなりではなく、がっしりした体格で、ボート部の選手。夕食後の散歩のコースも決まっていて、途中に何をするかというと、古本屋をひやかす程度。小説の終わりに洋行のことが語られていて、ドイツ人教授の助手に抜擢され、ライプツィヒで学ぶ予定。

小説の冒頭と終わりちかく、散歩コース途中の妾宅の鳥籠に侵入した青大将を退治するエピソード以外、まるきり出てこないのは、おもしろくもおかしくもない人物であって、語りようがないからだ。ドイツでドクターをとってどうしたか。おそらく洋行帰りにふさわしい大学医学部出世コースにのったか、あるいは地方の素封家の娘を妻にして、土地の名士の医者になり、いずれにせよ退屈な人生を、さほど退屈とも思わず過ごしたにちがいない。

帝大の青年こそワキ役であって、本当の主人公は末造である。早とちりの高利貸と、念願かなって手に入れた若い女との行き違いと滑稽。

末造ファイナンスは、大学の寄宿舎の小使をしていたとき、学生に小口で貸したのが始まりだった。十銭、五十銭だったのが、五円、十円となり、やがて小使をやめて一人前の高利貸になった。大学の近くに事務所をかまえ、吉原近くに出張所を設けている。小柄で、ヒゲの剃りあとが青い。さっぱりしたいで立ちで、自分では「実業家」と称している。

金貸業が順調にまわり出して、ひと息ついたころ、口やかましい女房が鼻についてならない。以前にちょっとしたことで目をつけていた若い女、たしかお玉といった。手をまわして調べると、貧しい父親と二人暮らし。「或る大きい商人」の囲い者ということで掛け合ったところ、はじめは妾になるのをイヤがったが、老いた父をラクにさせられるというので承知した。ここまでは順調だった。峻烈な高利貸が「とちり末造」に転落するのは、これ以後である。

女を囲うには、しかるべき店で「目見え」という儀式があった。末造はその日、世話役のバアさんを早く帰して、お玉と差し向かいになって楽しもうと段取りをつけていたが、とんだ早とちりで、父親がいっしょにくるとわかった。

とにかくお玉が妾宅に越してきた。まだ子供のような女中つき。ここでも早とちりがあった。妾宅を用意すればそれで十分のはずが、女の父親の住居も必要とわかって、もう一軒あてがうハメになった。

毎晩のように妾宅を訪れても、末造は泊っていかない。女房にさとられてはならないからだ。箱火鉢をあいだにして、お玉と話をする。末造は「籠に飼ってある鈴虫」の鳴くのを聞くようにして、無邪気なお玉の話を聞いている。

むろん、鈴虫を飼っているのではないのである。鷗外は一度だけ、お玉が「末造の自由になっていて、目を瞑《つぶ》って――」とセックスの経過を述べた。鳥籠と青大将の一件のあと、お玉の中に学生岡田が居ついてしまって、目をつむっていると、岡田と一体になっているような気になる。相手が末造とわかり、泣くこともある。末造はてっきり別のことにとっていたのだが。

末造はまだ気づいていなかったが、「実業家実ハ高利貸」は、三日目にすでにバレていた。女中が魚を買いに行くと、魚屋のおかみに「高利貸の妾なんぞに売る肴《さかな》はない」と断られた。

女房にさとられるのも早かった。妾宅からもどったとたん、しゃくり上げてしがみつかれ、「妾狂い」となじられた。

小説の終わりちかいシーン。ある朝、またもや女房と大喧嘩の末、末造はたまらず家をとび出した。妾宅に行くには早すぎる。かなりブラついて、よほど時間がたったと思ったのに、まだやっと十一時。

やむなくわざわざ「何か急な用事でもありそうな様子」で歩いていく。なぜこんなことになったのか、いったいどこでしくじったのか、わがことながらよくわからない。千両役者のはずが、こころならずも大根だったとちり男のうかぬ顔が、まざまざと目に浮かんでくる。

ワニの涙

彼女は、おはなしが好きだった。興がのると声色がまじってくる。「年とったワニのはなしなの」

「ナルホド」

私は軽くうなずいた。夜の公園のベンチだった。かすかに花の匂いがした。「年とったワニがタコに恋をするの」

「へェ、そりゃあ変わっている」

彼女は養護施設で働いていた。安月給で、仕事はきつい。そんな彼女を、私はいとしいと思っていた。小柄だが、胸が大きい。「かれは青春時代に、ピラミッドが造られるのを、その目で見たのだ」

朗読するような声でいった。

「かれっていうと？」

「ワニさん。年とったワニのこと」

「よし、わかった」

知り合って半年になる。抱きしめると、彼女はいつも喘《あえ》いだ。胸がつまって息が苦しいという。乳房が大きいせいである。「ワニって、とっても永生きするんだって」

「そうらしいね。ウソ泣きのことを〝ワニの涙〟っていうようだね」

わに【鰐】 ワニ科に属する爬虫類の総称。形はトカゲに似てはるかに大きく、鋭い歯を持つ。熱帯の川・沼に住む。

ピラミッドが造られるのをその目で見たというから、よほど年老いたワニなのだ。これまで丈夫ひとすじできたが、このごろ少し痛みを覚えるようになったという。膝が痛んで、腕を動かすと肩がもげるような気がする。手足をぎくしゃくさせながら、やっとの思いで歩くのだった。

私と彼女とは二十ちかく齢《とし》がへだたっていた。私はべつに膝が痛んだりしなかったが、彼女と並んで歩いていると、多少とも「手足がぎくしゃく」するような気がしないでもないのだった。ワニは家族にじゃけんにされてナイル川を下り、海へ逃げていったそうだが、気持ちがわからないでもないような気がした。

「そこでタコと出会ったの。はじめは大きなクモだと思ったって」

「そういえば形が似ている」

街灯の明かりのなかに横顔が浮き出ていた。私はうしろから手をのばして彼女の頭に触れ、そっと撫でた。

「ワニさん、こんにちわ」

「ずいぶんたくさん、足があるんだね」

「そうね、十二本ばかりあるわ」

「十二本!」

「ふつう、タコは八本しかないの。でも、あたしは十二本」

彼女は養護施設の子供たちに、こんなふうに声を出して本を読んでやるらしかった。そのあと二ひきは、ぐっすりとねむりこけた。先に目をさましたワニに「よくない考え」が浮かんだそうだ。

「このタコ、食べてもいいかな」

頭を撫でていた手が、ふとと まった。

「彼女、おいしそうだな。ほんのひときれだけ、食べてみたっていいんじゃないかな」ほんのちょっぴり。目をさましても、なんにも気づかないくらい。たとえば足を一本ってとこ。十二本もあるんだもの、一本くらい、いいじゃないか。体が軽くなって、かえって彼女のためになる。「ワニは、タコの足を一本、ぱくりとくわえ、食いちぎり、ごくりと飲みこんだ」

フランスの作家レオポルド・ショヴォーの『年をとったワニの話』を、私はその年のクリスマスに彼女からプレゼントされた。白黒のあざやかな絵がついていた。年とったワニは、タコをいとしいと思いながら、つい腹がへるとパクリと食べずにいられない。

二本目、三本目と、タコの足が失せていく。

日が落ちて、タコがすやすや寝息をたてだすと、年とったワニの心のなかで、いつもたたかいがくりひろげられたそうだ。作者のショヴォーもきっと、若い娘と恋をしたことがあるのだろう。タコに対するワニの愛に二種類あったと書いている。

「タコは性質がけだかくて、つつしみぶかく、よくひとにつくすし、知恵だってたっぷりある。そういうタコへの愛がひとつ、もうひとつは、タコの腿肉《ももにく》がかきたてる愛だ」

二年ばかりして彼女と別れた。いま私の手元にはショヴォーの一冊と、淡い記憶がのこっている。ワニはとどのつまり、タコの頭までパクリと食べてしまうのだが、そのあとの描写に、私はほとほと感心しないではいられなかった。

「タコは、とてもおいしかった」

しかし、食べ終わったあと、後悔の涙を流したそうだ。

ことばの発見　Ⅳ

老語の行方

老いた人は老人だ。老いた言葉は何と呼べばいいのだろう?

「古語」ではない。古い、死んだ言葉ではない。生きているが老いている。つまり「老語」であるが、それは辞書にのっていない。老人がしばしば自分の老いに気づかず、いまなお若いと思い込んでいるように、「老語」もまた、その老いぐあいにもかかわらず、いまなお若いと思っているらしい。肉体の老いは鏡が映し出すが、言葉の老いは、なかなかわからない。

　十数年も前のことなのに、昨日のことのようによく覚えている。その人と、北陸筋の町で会った。元大新聞編集局長で、定年後は郷里の新聞に迎えられた。主筆、あるいは相談役といった地位だったのではあるまいか。私が調べていた人物に、もっともくわしい人として紹介された。

ダンディなタイプで、色シャツの首もとに派手なネッカチーフを巻きつけていた。上品な着こなし。身ぶり手ぶり入りで、ひとしきり編集局長時代の思い出があった。こちらが用件をきり出すと、それがクセであるらしく、タバコをくわえたまま目を細めて聞いている。ついで一瀉千里《いっしゃせんり》といったふうに話していく。独特の話術があって、こちらに口をはさませない。聞きたいことの三倍ちかくが返ってくる。私は要所をメモにとった。

そのうち、気がついた。聞きちがいをしたように思って問い返すと、聞きちがいではなかった。そんなことが何度かあった。私はボールペンを握ったまま手を休め、相槌を打っていた。ときたま書くふりをした。あるいは相手の指先を見つめていた。ひっきりなしにタバコを取り出す。ほんの少しすっただけで、すぐにもみ消して、また新しく火をつける。人さし指の爪がアメ色をしていた。

「郷土愛と正義は本社の使命」

ご当人の筆になるという四行わかちのモットーが、額入りで掲げてあった。

正しい報道
活きた紹介
公平な批判
新鮮な興味

応接セットのかたわらに重厚なテーブル。その上に電話と書類入れ。背後の書棚に社史や郷土本がつまっていた。制服の若い女性がお茶をもってきたきりで電話一つかからない。この人に対する会社の扱い方が、それとなくわかる気がした。

腰を上げかけると、押しとどめられた。またもや編集局長時代の話になった。有名な大学教授やテレビの人気者やキャスターの名前が出た。親しげな呼びすてで、私的なエピソードが披露された。

よく見るとネッカチーフのすきまから喉のシワがのぞいていた。多少ともトカゲの喉首を思わせた。シャレた眼鏡の下の目もとがたるんでいる。「若いころの美男子は老《ふ》けるのが早い」。誰に聞いたのやら、そんなことを思い出した。わざと腕時計に目をやって立ち上がった。

宿を問われたので、海沿いの温泉町をあげた。するとその人はニコニコして、書棚から小冊子のようなものを取り出した。ひとりの旅寝は味けないものだから、こんなものでよかったら、お伴《とも》にどうぞ——。

なじみの宿の女将《おかみ》にたのまれて、元編集局長みずからがペンをとったという。赤っぽい表紙に白ヌキで「女読むべからず」、温泉町のおイロケガイドのつくり。お義理に礼を述べてショルダーに押しこんだ。

あれ以来、その町へ出かけていない。その人のことも知らない。バブル景気が去って、温泉町がすっかりさびれたと聞いている。「女読むべからず」は、いま私の手もとにある。温泉町の夜のお相手が写真つきで紹介されていた。

柳家の久乃　丸腰でエロ戦線に活躍した強者《つわもの》とは思えぬほどのバージンらしい肢

体の持主。ウルトラチャーミングとして紳士の宴会向き。
滝の家の小太郎　肉体美を想像させるボディの持主。たぶんアノ方面のコンディションも良好だろう。
横田屋千代丸　さすが元老株に磨かれただけあって立派なSタイプ。コケットな彼女のサービスを受けながら恍惚境にふけるのもまた筆紙に尽くしがたい味わいがある……。

たしかにその夜、寝入る前に私は元編集局長の贈り物を開いてみた。朴念仁には、まるきり用のないしろものだったが、捨てずに持ち帰った。「老語」の見本に思えたからだ。ひと昔もふた昔も前のカタカナや英語、古風な言い廻し。政治や経済や文化は、しかつめらしい語調でしのげるが、風俗は足早に老人を追い抜いていく。喉のシワはともかく、言葉の老いはネッカチーフで隠せない。

ボケと認知

ボケをタブーにして「認知」というようになったのは、いつごろからだろう？　ボケがなぜいけない言葉になったのか。連休ボケや時差ボケは平気で使う。「寝ボケていた」は日常用語である。

「少々ボケがきましてな」

ミスをとりつくろうのにちょうどいい。「おやじもだいぶボケてきたね」というとき、多少とも老いへのいたわりがこもっている。

漢字では「惚」。ぼんやりする。心をとられてほおけている。心をうばわれてうっとりしている。有吉佐和子はボケ老人をつつしみ深く「恍惚《こうこつ》の人」として語った。

医学では老人性痴呆《ちほう》症というようだが、ボケは必ずしも痴呆状態とはかぎらない。「惚」は惚《ほ》れるでもあって、恋い慕って夢中になった状態でもある。そんなさなかに相手とのあいだにあったつまらないことを、うれしそうにしゃべるのが惚気《のろけ》であって、他人にはたあいないおノロケが、当人には世界の創造のように意味がある。

そんなニュアンスゆたかなボケにとってかわって認知が登場した。痴呆症の「痴呆」があまりにひどいということで、認知不能状態というのにアタマの「認知」を独立させたのだろうか。

言葉自体は長らく使われてきた。「敵を認知する」といった場合で、何かをしかと認めたときの用語だった。

もっと微妙なケースにも用いられた。それも法律用語としてであって、結婚外で生まれた子にまつわり、自分がたしかにその子の父（母）であることを認める法律上の手つづきを指していた。父として認知する場合が圧倒的に多かったのは、母であることは明瞭かつ証拠に欠かないのに対して、父のかかわりは微妙にして複雑であるからだろう。父になるのは簡単だが、父でありつづけるのは難しいのだ。たいてい子の側が強く求め、ときには裁判沙汰になり、父がしぶしぶ認知するというケースが多かったようである。

そういう来歴をもつ言葉なのだ。つい先年までは、きわめてかぎられた事情にある人たちの用語だった。それがごく日常的に用いられるようになった。しかし、言葉自体には認知能力不能という否定の意味など含んでいない。言外にわからせる効用をおびさせて使われるだけである。言葉としては強引で、かなり無理無体な使い方といわなくてはならない。ボケが愛敬や悲哀やいとしみやからかいなど、ニュアンスはゆたかな表現であるのに対して、ニンチは無名無臭で、突き放して、冷ややかだ。チが痴を連想させて、いたって酷い言葉と言える。

哲学者カントは七十歳をこえたころから心身の衰えがめだってきた。当人は「食べられる」「歩ける」「眠れる」を健康の定義にしていたが、いずれも急速に低下してきた。七十五歳のとき、記憶力の変調に気がついた。同じ人に同じ話を同じ言葉でくり返す。はじめは自分でも気がついて謝ったり、言いつくろった。そのうち「記憶帳」を考案した。紙を小さく切って束にしておき、話のあいまに自分の話したことをメモしておく。

メモで確認すれば、くり返すことはない。

そのはずだったが、老いはそんな小細工を容赦しない。やがてつい今のことが思い出せなくなり、つづいて「記憶帳」そのものが記憶から脱落した。

「どうか私を子どもと思ってください」

親しい人には、そんな言いわけをした。そのうち親しい人の識別がつかなくなった。あの知の結晶のような『純粋理性批判』の著者にしてこうなのだ。

ともあれ記憶力を失うのは悲劇とはかぎらない。いったいに人を苦しめるのは記憶しているからで、老いを知るのも若年期の記憶があっての話だろう。病にならないと健康のありがたさがわからないように、若さは、それを失ったときにはじめてしかと思い知る。もとより記憶が介在してのこと。犬の記憶力は十五分程度と聞いたことがあるが、もしそうだとすると老犬は自分を老犬だとは思っていないだろう。

認知症は厄介な記憶から解放されている。私の身近に一人いるが、老いて子供になった。犬や猫にきちんと話しかける。赤子のような笑い顔を見せる。記憶の重荷から解放された究極の自由人——そんなふうに見てもいいのである。

シラミとノミ

ノミやシラミがいなくなった。「ノミをとる」とか「シラミをつぶす」といったことばが、日常の会話から消えて久しい。おもえばそれは人類の歴史にあって、特筆すべき大事件ではあるまいか。というのは、ノミやシラミは人間の発生とともに古く、そしてつねに人間と、まさしく血肉を分けあってきたのだから。

ながらくこれは凶悪な殺し屋だった。シミのようにちっぽけなやつだが、人の血を仲介して、つぎつぎと病をひろめていく。ノミやシラミは、なんと多くの王や将軍や領主たちを殺したことだろう。古代はもとより中世、近世を通じ、不潔さの点で王も乞食も、さしてちがいはなかったはずである。政敵の陰謀や暗殺者よりも、はるかに多く、ノミやシラミが権力者を倒してきた。

宗教家はきまって自分に苦役を課すものだ。欲を絶つ。快楽を絶つ。断食をする。心の浄化を説く一方で、その身はアカにまみれていた。とすると当人が煩悩以上に、ノミやシラミに苦しめられたことが十分想像できるのだ。

『故事ことわざ辞典』といった本をひらくと、もはや意味もさだかではないが、シラミやノミに関するものがどっさりある。「シラミと一つで、ただ片食い」「シラミに故郷なし」「シラミの息も忉利天《とうりてん》」「シラミの皮を槍で剝ぐ」「シラミは頭におりて黒し」「シラミをひねって当世の務《む》を談ず」……。ノミでは、こんなぐあいだ。「ノミの夜づめ、ハエの朝起き」「ノミと借金、隠せばふえる」「ノミの息も天にあがる」「ノミを押さえてシラミを逃がす」……。意味がわからないのは、言い廻しを支えていた日常の条件が、おおかた消え失せたせいだろう。

江戸の博物誌『千虫譜』は、ノミやシラミを克明に写しとっている。蝶やカマキリやカブトムシよりも、もっと親しい虫であったからだろう。著者の栗本丹洲《くりもとたんしゅう》によると、同じシラミでも、頭髪につくアタマジラミは動きが速くて色が黒い。これに対して、陰毛につくケジラミは偏平をしていて動きが鈍い。きわめて正確に観察していたことがうかがえる。

シラミやノミといっても、さっぱりイメージのわかない人のために、辞書の説明にあたっておこう。

しらみ【虱】〔白身の意という〕動物にくっついて血を吸う、小形の平たい昆虫。灰白色で、羽・目は退化して無い。不潔な所に発生し、伝染病の媒介をする。ケジラミなど種類が多く、「観音・仏子」など異称も多い。

のみ【蚤】人畜の血を吸い、安眠を妨害したり、病原菌を媒介したりする小さな昆虫。赤茶色い、よくはねる。

シラミに「虱」の漢字をあてるのは、別名「半風子《はんぷうし》」をあらわしてのこと。虱の文字自体は蝨の略字という。シラミは知らなくても、「しらみつぶし」といった言い方は知っている。何かあれば、かたっぱしから手当たりしだいに調べていくようなやり方である。ノミは知らなくても、「ノミの夫婦」という言い方は耳にしたことがあるかもしれない。夫のほうが妻よりも、からだが小さい夫婦をいう。

私は以前、ドイツ・ロマン派の作家E・T・A・ホフマンの小説『ノミの親方』を訳したことがある。そこにはオランダの科学者が何人か出てきて、いずれもノミを研究している。さらにまた、ノミの曲芸師なるものが登場した。ノミをつかまえ調教して、世にも珍しい芸の数々を仕込んだ人物である。白い大理石の盤上にノミの一隊が勢揃いしていて、大砲を引くノミもいれば、火薬車や荷車係のノミもいた。かたわらには、火縄銃をもち、背中に弾薬袋をしょったのが控えている。曲芸師の号令がかかると、ノミたちはいっせいに行進したり、とびあがったり、まわれ右をしてお辞儀をした。

ロマン派の作家の空想だけにとどまらない。それだけノミが身近にいたからだ。ノミは人体の秘所にも平気でしのびこんでいく。そこから『ノミ助の優雅な遍歴』とか『ある美しい夫人についての好色ノミの克明なる報告』といったタイトルをもつ無数のポルノグラフィーが生まれた。『ノミの親方』を書いたとき、ホフマンが巷にあふれたノミ・シリーズを意識していなかったはずはない。そして機敏な好色家から、一人の生粋の自由人をつくりあげた。

ロートレアモン伯爵の高雅な散文詩集『マルドロールの歌』をひらいた人は、おどろいたことに、シラミが高らかに賞賛されているのに気づいたはずだ。

「この世には、人間がやしなっている一匹の虫がいる」

やしなっているだけではない。この世のいかなる動物よりも尊重し、高く評価している。それが証拠に、彼らの玉座として自分の頭を与えているではないか。シラミは悠然と毛根に爪をひっかけ、優雅に暮らしている。やがて、その虫が肥満すると「人は慣例に従い、老いを感じさせないように、それを殺すのである」。

伯爵もまた、日夜シラミと親しみ、自分の「玉座」を指でまさぐって爪にのせ、プチリとやっていたらしい。

これはどこであれ、人間のお供をした。日曜日の教会にもやってくる。ロバート・

バーンズに「シラミに寄す」と題したコミカルな詩があるが、そこにはこんな添え書きがついている。

「教会にて婦人の帽子の上なる一匹を見て――」

敬虔に両手をかさねてひざまずきながら、前の席の帽子をとびはねるノミを見やっていたらしい。

私の父は私が八歳のときに死んだ。だから、ほとんど記憶にない。母からよく聞かされたが、親指の爪に特徴があったそうだ。ふつう手の爪はタテに長いのに、父の手は、なぜか親指の爪だけがヨコに長い。父はそれを「シラミ殺しの爪」と称していた。

シラミを見つけると親指の爪にのせ、もう一方の親指の爪でつぶすのだが、シラミはむろん、逃げようとする。そしてヨコにいざっていく。人間の爪はヨコ幅がタテ幅よりも短いことを本能的に知っているからだ。ところが父の爪にあっては、なかなか安全圏にたどりつけない。

「へんだな、どうしてだろう?」

まごまごしているところをプチリとつぶす。

夕食のとき酒を飲みながら、父はわが手をかざして自慢していたらしい。

父は小学校の教師をしていたから、実際に女子生徒の頭にシラミを見つけて、わが手でつぶしたことがしばしばあったのかもしれない。そんなとき、自分の親指の効用に気づいたのではなかろうか。そういえば、まだ幼かった姉を陽だまりの縁側にすわらせ、指先で髪をわけながら入念にしらべていたことがある。消えのこった写真のように、そんな情景が記憶の底にのこっている。昭和二十年代に育った私の世代は、シラミやノミを知っている。シラミ駆除の白いDDTの粉を頭にふりかけられた女の子が、クラスにきっと一人か二人いた。ほんの少しの齢のちがいだが年長の者たちは、ケジラミがいかに厄介な虫であって、これにやられると、どんなカユさを覚えるものかを語ってくれた。

とすると、シラミとノミが姿を消してから、たかだか半世紀にすぎないことになる。寝室と同じく、これは秘め隠される虫たちであって、かつては新しい生命がこの世にお目見えするとき、かたわらでそっと立ち会っていたし、老いたいのちが死の国に旅立つときも、まさしくその身に寄りそって見守っていた。もんもんとして眠れぬ夜を過ごす人に、したしくその夜をともにした。

私は父親ゆずりの親指をしていて、だから「シラミ殺しの爪」をもっている。せっかく伝家の宝刀を身におびながら、ついぞ使う機会がない。むろん、シラミやノミに苦しまないでいられるのはいいことであって、彼らをめぐる語彙が死語になっているかどうかは、文明や社会を計る一つの規準にちがいない。

とともに、あの微小にして嫌悪されつづけた生きものたちを、きちんと文化史的に位置づけて考えてやりたい気がしないでもない。なにしろ世界史でじつに大きな役割を演じてきた存在なのだ。ユダヤ教の正統派は入浴やひげ剃りを禁じたが、そのせいかシラミにもかぎりなく寛容だったようで、安息日にシラミをつぶすのは、人を殺すにも似た重罪だった。

小市民

「小」は小さいである。気が小さい人は小心者《しょうしんもの》、才能が小さいのは小才《こさい》。「小才がきく」と言うのは、小さいことなら処理できるからだろう。器量や力量にかかわり、「大器晩成」の大器があるからには小器もあり、大人物に対して小人物もあるはずだが、まずもって言わないのは、とるにたらないのをわざわざ言うこともないからと思われる。

では小市民はどうか？　小心者や小才と同じように、スケールが小さいことからの意味解釈がされているだろうと辞典をくってみると、まるきりちがっていた。

「資本主義発達の所産である、サラリーマン〔教員をも含む〕自由業者などの中産階級」これに「プチ・ブル」と添えてある。

急に資本主義が出てきてとまどうのだが、プチ・ブルがヒントになりそうだ。戦前の左翼青年が「小さな幸福」に安住している市民層を槍玉にあげるときなどに使ったのではあるまいか。カッコして（教員を含む）とあるのは、亡き赤瀬川原平氏が目ざとく指摘したとおり、この国語辞典の特徴であって、おりおり編者が顔をのぞかせる。何を隠そう、教員のこのワタシもまた小市民の一人なんですヨー。

「小市民」はプチ・ブルの訳語らしい。『日本語大辞典』（講談社）も同じ考えとみえて、「小市民」をひくと「プチ・ブルを見よ」とあり、プチ・ブルをひき直すと、「ブルジョアとプロレタリアの中間に位置する小所有者と俸給生活者・自由職業者をさすことば」とある。

念のため『広辞苑』（岩波書店）にあたってみると、「資本家と労働者の中間の階級に属する人」。ここまではほかとほぼ同じだが、さらに説明がついていて、「思想面は資本家の考え方に近く、経済面・社会面では労働者の生活に近い」。思想と生活にかけちがいがあって、小さな幸福に安住しているわけではなく、むしろ大きな幸福を拒まれ、小さな幸福を強いられた不満組ともとれる。職種でいうと「中小商工業者、技術者、俸給生活者・自由職業人などを含」むそうだ。

国語辞典の編者たちが定義に手こずっているのは、要するに小市民の実態がはっきりしないからではなかろうか。ごくふつうの市民であって、どちらかといえば、よき市民にあたる。大多数の国民がそうであり、政治家が「国民の皆さま」と呼びかけるときの「皆さま」である。

いつの時代にも小市民はワンサといる。インフレの気配があると、あわてて買出しの列につくし、デフレの傾向がいわれると、ワリのいい金融を見つけて、小金をこっそり投資する。どちらの場合も、とりたてていい目を見たというのでもない。ろくすっぽいりもしないものをドッサリ買いこむだけだったり、ペテン師まがいの金融業者のカモにされたり。

政治家はよく知っている。「国民の皆さま」は、いつも強いほうが好きなのだ。みんなといっしょの多数派にいたい。さもないと不安でならない。ほかの人に利益をさらわれそうで落ち着かない。なかには少数派のふりをして、そっと多数派ににじり寄るタイプもある。言行の不一致を問いただされると、言葉巧みに言いつくろう。モゴモゴと弁明する。ときには青筋立てて怒りだす。あるいは居直る。

時と場に応じて時流に乗じていく風見鶏《かざみどり》、日和見主義者、時流便乗派――社会学者や心理学者はそんな小市民的性格を言うだろう。そこから行動パターンを割り出し、ある定まった人間の類型を論じるかもしれない。

しかし、はたしてそれは性格だろうか。そもそもいかなる性格も持たないからこそ、どのような人間にもなれるし、いかなる信念に足をとられることもない。どのような性格とも縁がないからこそ、世の中の風向きしだいで方向を変えることができる。時流に合わせて泳いでいける。だからといって悪人だろうか。とんでもない。悪人であるためには強烈な個性を必要とする。

よき市民、またの名は永遠の小市民は国を問わず、どこにもいる。時代を問わず、いつの時代にもいる。一人の小市民のズルさ、小心ぶり、無責任を戯画化すれば、愉快なマンガができるだろう。それを笑うのは簡単だが、笑いがみるまにこわばっていく。当の自分の戯画であることに気がつくからだ。

くり返しいえば、小市民はどこにも、いつの時代にもいる。失礼ながら、あなたの中に、そして私の中にも一人の小市民が巣くっている。そして何にもまして小市民の特徴だが、自分を偽《いつわ》るのがうまいのだ。過去を話すとき、巧みに事実をスリかえる。といって悪意あってのことではないのである。不都合なことはさっさと忘れ、無意識のうちにスリかえて、自分でもそのことに気づかない。彼は自家製の事実を、誰よりも熱心に信じている。

われをほむるものハ
あくまとおもうへし

三重県津市の通りを歩いていたら、銀行の別館といったところで「半泥子《はんでいし》の焼き物」展をやっていたので寄ってみた。壺や皿のほかにも書画、俳句、書簡などが並んでいた。なかに「遺訓」という一枚書きがあった。半泥子当人ではなく、祖母が孫に書きおくったものだという。

われをほむるものハ
あくまとおもうへし

突如カタカナが入ってくる読みにくい書き文字をメモにとった。「我をそしる者ハ善知しきと思へ……」。「善知識」は高僧のことだが、もともとは「良友」を意味していた。つまり、自分を誉める人間は悪魔と思え。悪く言う人こそ良き友なるぞ――。

川喜田半泥子（一八七八－一九六三）は本名を久太夫政令《まさのり》といった。たいそうな名前なのは、伊勢商人の豪家第十五代の長男として生まれたからだ。早くに両親を失い、わずか一歳で家督を継いで十六代当主となった。

長じてのち、地元の百五銀行の頭取ほか、数々の企業の要職をこなすかたわら、写真、俳句、書画、焼き物に軽妙な才を見せた。とりわけ陶芸において、荒川豊蔵、中里無庵、金重陶陽といった昭和の名工たちの若き日のパトロンとして才能を開花させ、また自分でも窯をおこし、魯山人と並び立つような洒脱で遊び心あふれる作品をのこした。

両親のいない子を育てたのは祖母のマサ（政）である。半泥子二十一歳の誕生日に祖母は思うところをしたため、「久太夫殿へ　婆々」として書き送った。すなわち一枚書きの遺訓である。
昔かたぎの祖母は幼い当主を育てるにあたり、ことあるごとに帝王学を授けたと思われがちだが、自由奔放な半泥子の生き方にみるかぎり、その種のおさだまり型ではなかったようだ。少年が学校をうっちゃらかして写真に夢中になっても何も言わなかった。籍を置いた早稲田にろくに通わなくても目をつむっていた。ただ若いころに参禅させ、みずから心身を鍛えることは学ばせた。遺訓には、こんな言葉がある。

しつた計《ばかり》ニテおこなひが出来なくハやくニ立申候問……

半泥子はいち早く私財を投じて石水《せきすい》会館を設立し、地域振興、文化事業を強力におしすすめた。それはトヨタをはじめとする日本の代表的な企業が始めるよりも数十年早かった。おそらくロスチャイルドなど世界の財閥の手本にならったのだろうが、知っただけでは役立たず、「おこなひ」をきちんと実行した。
昭和五年（一九三〇）の大恐慌の際、全国の銀行で取りつけ騒ぎが起きた。百五銀行では頭取みずから、ありったけの現金を窓口に積み上げ、預金引き出しを求める客には、すべて払いもどしに応じるよう行員に指示した。そのため顧客は安心して、なんら大事にいたらなかった。

素封家《そほうか》の御曹司に、どのような人間が、どのようにすりよってくるものか、「婆々」はよく知っていた。言葉たくみにご機嫌をとる。媚びて誉めそやす。中国人はそれを「鹿を指して馬と為《な》す」やからと言った。目の前の鹿を平然として馬と言って権力者に近づいてくるタイプである。

格言スタイルをとると、こうである。

君子は千万人の諛頌《ゆしょう》を侍《たの》まず
一二《いちに》の有識の窃笑《せっしょう》を畏《おそ》る

「諛《ゆ》」はへつらう、媚びる。「諛頌」は、媚びて誉めそやす。その手の腰巾着のいやしい面貌が見えるようだ。「窃笑」は、ひそかに忍び笑いをすること。すりよるやからは、かげではきまって「やはりおぼっちゃん育ちのバカだね」と笑っているものである。

「婆々」の遺訓がいまもっともあてはまるのは、日本国首相安倍晋三だろう。「オトモダチ」がいかなるたぐいの人間かすらわかっていない。利権に鼻のいい連中であって、必要とあれば公然とウソをつく。法解釈をスリかえ、何ごとにも手廻しがよく、雲行きがあやしくなると、おそろしく逃げ足が速いのだ。

それはそれとして、半泥子だが、祖母の遺訓をお守りのように、いつも懐中にしていたそうだ。

終の住みか

中高年といわれるなかの「高」にちかい。その世代の最後の大仕事が「終《つい》の住みか」をつくることだ。住み慣れたわが家を建て替える。老いた身に住みやすい家に造り替える。

つい【終】「最後」の意の雅語的表現。「ついのすみか・ついの別れ（＝死）」

住み慣れたわが家ではあるが、もはや住みいい家ではないのである。ある日、玄関のたたきですっころんだ。コンクリートの飾りに使われているガラス製の丸石は、濡れるとすべりやすい。大雨のその日、傘をすぼめて入ったとたん、両足をとられ、あお向けざまに上がりがまちへ倒れた。頭を打って、あやうく気を失うところだった。

風呂場で腰を打ちつけて、一週間ちかく這うように歩いていた。ラセン状の階段を踏み外して、三段分を転げ落ちた。骨折しなかったのがふしぎなくらい――。

どこよりも安全なはずのわが家が、気がつくと、とびきり危険地帯になっていた。「終の住みか」どころか、「終の別れ」の原因になりかねない。

正確にいうと、わが家に罪はないだろう。住人の老化のせいである。それが証拠に、念願のマイホームを手に入れたとき、玄関のガラス石の飾りが自慢だった。ラセン状の階段がシャレていた。風呂場が狭いのは建て売りだからやむを得ない。見てくれは気にしても、そこですべったり、転げ落ちたり、腰を打ちつけるなど思いもしなかった。そういえば老父が同居していたころ、小さな敷居にすっころぶのを見て、不注意をきつく叱った。二度、三度とくり返されて、舌打ちしたこともある。自分が同じ轍《てつ》を踏むなどと、およそ夢にも思わなかった。

わがことではないが、総じて言える。花の中年期には、なんとさまざまなことがあったものか。身を刻むような緊張で過ごした日もあった。念願のマイホームを手に入れたからには、以後さっぱり「住」のことは考えなかった。さしあたり大型の電気冷蔵庫とクーラーだった。つづいては車のこと。二度買い替えた。その間に、わが家がひそかな凶器になっていた。どうして凶器が終の住みかになり得よう。

貯金通帳が揃っていれば住居は建て替えられる。しかし、終の住みかは、それだけでは実現しない。建て替えは古い壁や古い屋根を捨てるだけではないからだ。古い記憶の中の暮らし、懐かしい思い出も捨てなくてはならない。それもテキパキと、情無用に処分する。少しでもスキを見せると、旧の部分が押し入ってくる。

建て替えるからには、当然のことながら、これまでの暮らし方が関係してくる。古びた虫くい状態になっているのは、家だけにかぎらない。住人もまた相当の虫くい状態を呈している。さらに建て替えるからには、これからの暮らし方もかかわってくる。老いた夫婦がそれぞれの「終」の日まで、いったい何をしたいのか。どのように生きたいのか。そのためにはどんな住まいが望ましいのか。どちらか一方が自立できなくなったとき、どうするつもりか。建て替えが、いや応なく、人生のチェックポイントの役まわりをおびてくる。夫婦の再生物語を含んでいる。

そのためだろう、家づくりにかかわっているはずが、家以前のことに直面する。建築家によると、古いものにこだわって残そうとするのは、たいてい夫の方で、そこから悶着が起こるそうだ。旧の部分を残すとなると設計が難しいし、そのぶん費用がかかる。「お金がかかる」ことを告げると、ようやく覚悟がきまるそうだ。

素人は建築家に希望を伝えさえすれば希望どおりの家ができると思いがちだが、それは錯覚であって、建物のなかに希望は採用されていても、採用された構造は、まるきり希望どおりではないといったことが大半なのだ。建築家は建物のことは考えても、住人のことは考えない。住む人の立場を考えると、設計が極度に難しくなる。クライアントはそのことをまるきり理解しないのだ。

すったもんだの末に、ようやく完成。晴れて仮住まいから老夫婦の「新居」へとお引っ越し。アルバイトの男の子が布団袋を落としてしまった。ヘンな音がしたのは、布団のあいだに、終の住みかの客間に飾る予定の秘蔵の染つけ大皿を入れておいたからだ。あわてて袋をあけてみると、こなごなに割れていた。あとでわかったことだが、布団のあいだに割れ物をはさむのが、いちばん事故のもとになる。有意義なことは、きまってあとになってわかるものだ。

荷解きしてまたわかったが、食事のときのたのしみにしていた切子のグラスが壊れていた。いっぽう安物のグラスはみんな無傷だった。腹立たしいことに、人生の真理が、こんなところにも顔を出す。

ゾッキ本、バッタ屋

古書店街で知られる東京・神田神保町にゾッキ本屋があったのは、いつごろまでのことだろう。少なくとも一九六〇年代から七〇年代にかけて、古書巡りの道筋に私は必ず立ち寄った。『悪徳の栄え』といったサドの訳本はゾッキ本屋で手に入れた。澁澤龍彦の訳で桃源社から出たもの。同じ桃源社の澁澤龍彦のエッセイ集が横に並んでいた。私にはこの博学の文筆家は、まずゾッキ本の作者として現われた。

ほかの古書店とちがって本は平台に積み上げてあり、大きく「新本」とあって、横に「五割引」などとうたっている。「七割引」なんて気前のいいのもあった。たしかに新本で、奥付を見ると出たばかり。書店の新刊の棚に並ぶはずが、そこをすっとばして古書店にくる。たしかに古書店ではあるが、新刊を扱っていて、そういえばほかの古書店とちがっていた。奥にひと癖ありげな店主が、つまらなそうにすわっている。ゴム印を捺した売価の紙片がはさんであって、本を渡すと、紙を引き抜いた。それで売買は終了。

若さがとりえの貧しい読書人は、どういう仕組みで新刊が古書になるのか首をひねりながら、小出版の珍しい本や画集を手に入れた。難点があったとすれば、読み終わり、古本として売りにいくとゾッキ本を見破られ、買ってもらえなかったことである。

ぞっき〔十把一からげで売買する意〕きわめて格安で仕入れた品を、見切り品として売ること。

商品として作ってみたが一個単位では買い手がつかず、まとめていくらで売りとばす。買い手はおそろしく格安で仕入れたわけだから、五割引、七割引でも売れさえすれば利益になる。

本の場合は、それだけではなかったようだ。あとで知ったことだが、金ぐりの苦しい出版社は、新刊書の一部をゾッキ専門業者にまとめ売りをした。取次を通すと何ヶ月も先の決済になるのが、ゾッキに渡すと即金売買ができる。本は定価と思いこんでいる読者の知らないところで、商品としての本が、まるきり別のシステムで取引されていた。

よく似た商法にバッタ屋があった。

ばったや【バッタ屋】　倒産した店の雑貨や余剰品を安く大規模に買い集めて、大量に安売りする店の称。

浅草でこの手の店を見かけたが、並べているだけでなく、商品をかざして宣伝をする。少しずつ値引きするところは、昔のたたき売りと似ていた。「倒産した店」がクセモノで、本当に倒産したのか、そういう立て前で作られた商品なのか、神のみぞ知るである。カバンやハンドバッグや靴が多い気がしたが、たまたまそんな商品の日にめぐりあわせたのかもしれない。ブランドものと称する格安商品は今も健在であって、売り方が模様替えされただけのようでもある。どうしてこの商法をバッタ屋というのか、ごぞんじの方がおられたら教えてほしい。

ゾッキ本にもどると、少なからず恩恵を受けた反面、はからずも奉仕もした。一九八〇年代のはじめ、意欲的な小出版社がヨーロッパの珍しい文学を刊行していた。そこにたのまれ、フリッツ・フォン・ヘルツマノヴスキイ＝オルランドの『皇帝に捧げる乳歯』を訳した。奇想の画家・作家であって、この上なくたのしい彩色ペン画がどっさりついている。函入り、二百数十ページ。ゲラのやりとり、挿絵の色校正も終わって、あとは公刊を待つばかり。ところがその日になっても、さっぱり音さたがない。

しびれを切らして、住所をたよりに小さなマンションの一室の出版事務所を訪ねていくと、ガラス戸に貼り紙がしてあって、当分連絡がつかない由がしるされていた。ひと足先に訳書を出した人が教えてくれたが、出版者は金ぐりに困り、町の金融業者から借りた。それがたちの悪いたぐいで、恐い人が押しかけてくる。急遽身を隠したという。

それから何日かしてその人から、わが訳書がゾッキ本屋にあるという連絡を受けた。

金融業者が新刊として出るはずの本を借金のカタにおさえ、そっくり超格安で売り払ったのだろう。それがゾッキ本として神保町に出たらしい。

駆けつけると十冊ばかりが五割引で積んであった。懐かしい表紙、ペン画、そして訳文、解説、まぎれもなくわが手になるものである。しばらくしげしげと眺めてから、五冊買った。おやじはジャマくさげにゴム印の紙片を引っこ抜いた。

そんなわけで、いまも手元に残っている一冊きりが、この訳書とのつながりのすべてということになる。

「自」のつく字

昭和天皇が世を去って平成天皇が登場したころ、つまり、三十年ばかり前、町々に見なれない言葉があらわれた。

「服喪の礼につき、営業を自粛いたします」

いたるところに貼り紙がしてあった。なかには入口を黒い布で覆って「自粛中」と書いたボール紙をぶら下げた店もあった。建物に喪服を着せかけたわけである。

そのうち、箒《ほうき》で掃き出したように町から消えた。忘れかけたころ、再び通りにお目見えした。

「即位の礼につき、営業を自粛いたします」

このたびは数が少なく、自粛は風俗関係の店に多かった。ふだんはハデな音楽が鳴りひびき、めまぐるしくネオンが点滅している辺りなのだ。客引きが通行人に声をかけている。その手の営業の自粛には、「その筋のお達しにより」などと書き添えてあった。カッコして「店はいつもどおりやってます」。

「自」はもともと、鼻の形だそうだ。たしかに人がよくする手つきであって、鼻を指して、自分を示す。そこから、おのれ、本人の意味が生まれた。それにつらなって、自愛、自慰、自虐、自尊、自堕落、自嘲……。どれといわずイヤな言葉であって、なろうことなら使いたくない。

遠い昔、中学のときの校長が、月曜日の朝礼のとき、よく口にした。「自主的に」「自覚して」「自信をもって」。朝の太陽の下で立ちっぱなし。貧血で倒れる生徒もいた。自画自賛の長ばなしである。あれ以来、「自」のつく言葉が嫌いになった。

自伝、自叙伝――おおかたの場合、自分は、自分はと言いたがる自惚屋の自慢ばなしだ。自首、自供、自白と発表されていたのが、さんざん痛めつけた上のことだったと判明する。自炊のわびしさ、自足した人間の夜郎自大ぶり。自家用車となると、大のオトナがおもちゃを手にした子どもにもどってしまうらしく、ガレージの前で一日中、車を磨いている。

自治会という名のおせっかい屋。何かと自説を言い立てる人のわずらわしさ。陰々滅々と自虐的なセリフを言いたがる人。自称作家のひとりよがり。自衛隊のバルコニーから、誰も聞いていないアジ演説をして、自決した小説家がいた。自尊心の強い自信家だった。

自粛沙汰の一件がヘンてこだったのは、本来なら「みずからすすんで行動をつつしむ」はずが、「その筋のお達しにより」とか、「町内会の申し合わせにより」とか、断りつきで使われたせいだろう。なかには「警察の要請により」とうたって内情を暗示する向きもあった。言葉の不自然さが、行為自体の不自然さの何よりの証拠だった。

そもそも「自粛する」が自己矛盾というものなのだ。「する」というからには、何らかの動きなり力を加えること、働きかけて影響を及ぼす。これと、みずからつつしんで何もしないことが組み合わされた。上下が逆を向いており、用語自体が自己矛盾をかかえている。

平成の世がまもなく終了して、新しい年号になる。このたびは服喪がないので営業の自粛も大幅にゆるめられ、せいぜい「当局のお達し」程度ですむのではあるまいか。そんなわけで、「自」のつく字は大嫌いだが、一つだけ例外がある。「自然」は好きだ。そういえば、これ一つは読み方が違っている。

二つの献上

戦前、大阪で出ていた食の雑誌『食道楽《くい》』の復刻版を、ときおり開いてながめている。食通の自慢話もなくはないが、大半が実用に即していて、即物性がむしろたのしく想像力を刺激してくれる。「台所暦」のページが、一日の献立サンプルをかかげている。

アサ
はまぐりみそしる　こかぶらにはいず　いりたまご　あさづけだいこん
ヒル
ちくわ　なまぶ　しのだまき　あまみそあえ　ならづけ

バン

さくらえび　にはいず　たいきりみ　うど　しらたき　あんかけ　しそまき

大阪のブルジョワの物静かな食堂を思い出す。炊きたてのホカホカごはんに、はまぐりみそしるの湯気が鼻先をくすぐりにくる。たまごは目玉でも半熟でもなく、いりたまごというのがうれしい。あさづけだいこんの鮮烈な白。

にはいず【二杯酢】　酢にしょうゆを交ぜた調味料。

かぶらに「こ」がついて、それに二杯酢とくると、立派な料理のように思えるが、小さなかぶらに、あり合わせの調味料をふりかけただけである。二杯酢とはたのしい言い方だと思うのだが、ちかごろ聞かない気がするのは、どうしてだろう?

ヒルのしのだまきは、油揚げのなかに材料を包んで煮込んだもの。おでんの余りものなんかだが、さめかけたごはんにおしるがしみて旨いものだ。あえものはあまみそときた。ほんの少々でいい。

バンは渋いメニューだが、ひっそりとしたはなやぎがある。しらたきはどう調理したものか。あんかけのあんがくずあんだということは、小さいときに学んでおくことのひとつである。

予備として、次のものがあげてある。

「アサの部」　しらがこんぶ　しんごぼう　べにしょうが
「ヒルの部」　にんにくみそに　なまざけ　てりやき　くろまめ
「バンの部」　いせえびおにがらやき　きのみあえ　あなごのてりやき　きんぴら
　　　　　に七味とうがらしかけ　はならっきょう

読んでいるだけで、食膳のにぎわいがホーフツとする。うつわとあいまって、料理のいろどりが絵のように美しい。かんざけをチビリチビリやりながら、まず目でたのしんで、それからやおら舌にかかる。

「おにがらやき」とは、どんな焼き方だろう？　「きのみあえ」は木の芽を和えたもの、それもサンショウの若芽を指していた。らっきょうに「はな」がつくだけで、にわかにハナやいだ食べ物になる。人間は舌だけでなく、イマジネーションで食べていることがよくわかる。

献立がまるで詩のように読めるのは、一つ一つの料理名が鮮やかなイメージをもたらしてくるからだろう。おおかたが土に芽ばえた。海でとれた。川ですくい上げられた。食べ物を通して、降りかかる雨が見える。雲が流れる。光と影が走る。沢づたいに下ってきた水音が聞こえる。

同じころ、ある青年の日記より。ながらく結核で療養中であって、生活の大半は食べることと休むこと。日記の記述も、ほぼその二つにつきる。このとき作家、梶井基次郎、三十歳。死の前年にあたる。

朝――味噌　漬物（蕪）　飯二杯　肝油。

昼――味噌汁（菊菜）　大豆　漬物（蕪）　飯二杯　肝油。

夕――鶏　白菜ノスキ焼　漬物沢庵　飯二杯半　肝油　アニモスターゼ。

かんゆ【肝油】　タラの肝臓からとった薬用脂肪油。ビタミンA、Dを含有する。当時、結核などの消耗性の病気に、栄養補給の切り札とされていた。

念のため翌日と翌々日の分。

朝――味噌　漬物（蕪）　飯二杯　肝油。
昼――味噌汁（豆腐）　飯二杯　肝油。
夕――鮭半分　ホーレン草二杯酢　蕪漬物（蕪ハジメテウマシ）　飯三杯　肝油。

朝――as usual
昼――蜆味噌汁　漬物（蕪）　飯二杯　肝油。

夕――チリメンジャコ　ホーレン草　飯二杯半。

食のあとはきまって「悪感」の有無がくる。悪感に襲われると全身のふるえがとまらない。胸が刺されるように痛む。「エルボン」という薬が唯一の助けだったが、一時間ともたない。とても眠れない。

「一度目ノンダトキカラ　二時間経（タ）ヌニマタ一服」

「夜十時頃ヨリ寝タガヤハリ寝ニクシ。寝タノハ　十二時過ギダッタローガ　ソレデモ夜明頃目ガサメタトキハイクバクモネテイナヰ　感ジデアッタ」

この種の記述が、こんこんとつづく。食事ごとに欠かさずついている「肝油」を除くと、難民収容所か囚人用のメニューと思うところだ。近代日本の作家のなかで、梶井基次郎はもっとも貧弱な食事と、もっとも少ない睡眠を強いられた一人だった。

名作「檸檬《レモン》」に見るとおりである。熱っぽい身をかかえた青年が、ふと丸善に立ちより、積み上げた洋書の上に一個のレモンを置いてくる。悪感と咳に苦しみ、味噌汁と蕪の漬物と肝油の日々のなかで、この特異な物語作家は、最小のエネルギーでもって最大の効果を上げた。

店じまい

誰にも覚えがあるだろう。髪を刈ってサッパリしたい。勢いこんでやってきた理髪店の店先。

あるいはお酒を買いにきた。主人は不愛想だが品揃えがよくて、奥さんともども、よく勉強している。そんな酒屋さん。

またあるいは小さな商店街の古風な洋品店。三足千円の靴下を店頭に並べていた。一度買って重宝したので、もういちど特売品をいただくとしよう——。

そんな腹づもりでやってきた。ところが定休日でもないのに店にはシャッターが下りていて、貼り紙がしてある。

「――店じまいのお知らせ」

文面もだいたい同じで、「長らくお世話になりました。突然ですが、このたび……」

しばらくボンヤリとお知らせを見つめている。通りすがりの人が足をとめ、お知らせに目をとめて「なんだ、やめちゃったのか」、ひとりごとのように言うと、トットとまた歩いていく。

さて、どうしたものか。かわりの店がないではない。JR駅のエキナカに明るい店が並び立って以来、ほんのちょっとはなれているだけだが、旧商店街にカンコ鳥が鳴き出した。この自分だっていつのまにか、おおかたの用は駅ですませてきたではないか。急に思い立って、旧来の店にきてみたら、店がなくなっていた。

これが、「閉店のお知らせ」なら、まだ救われる。開店の逆であって、ごく事務的なお知らせである。「店じまい」はちがうのだ。この場合の「しまい」は「仕舞」であって、もともとは能の略式の舞《まい》を指している。お囃子なし、装束もつけず、リハーサルに演じてみせる。そこから生じたのだろうか、今までやっていたことが終わることを意味している。「店じまい」の貼り紙がズキンとくるのは、ことばの背後にこれまでの時間的かかわりがあるからだ。

理髪店の老店主のハゲ頭。仕事ぶりが丁寧で、よそでは三十分ですむところが一時間ちかくかかった。きれいに洗濯ズミながら、むしタオルが少し黄ばんでいた。酒屋の主人の不愛想は慣れればなんてこともないが、はじめての人は気を悪くしたかもしれない。洋品店には痩せた主人が猫を膝にのせて、テレビを見ながら店番をしていた。足をとめる人もいそうになかったが、ショーウィンドウのマネキンの衣服が季節ごとに取りかわった。それなりにやる気はあったわけだ。

そんなことが記憶の底から泡つぶのように浮かんでくる。仕舞、しまい、終《しま》い。何につけ、いちばん終わりの部分にあたり、銭湯だと「しまい風呂」。しんがりの客が一人、二人とあがっていって、主人が桶を片づけにかかる。未練げにつかっていると、そんなはずはないのにお湯がぬるいような気がする。シャボンの匂いも、シャンプーの香りもしない。タオルがいやに白々しい――。

「店じまい」が呼び起こす微妙な心の状態。はやらなくなってやめた、それだけのことじゃないか。自分に言いきかせて、貼り紙を置き土産に、やおら歩み出す。それでもまだウツけたような心もちで、足どりがたよりなげだ。信号で振り向くと、シャッターの一角が黒々とへこんだ感じ。振り向かないほうがいいんだナ。別れをきめた人と、最後に会って、そして別れたときのように。

昔の恋の店じまいが頭をかすめた。心はすでに閉ざされていて、シャッターが下りている。こみあげてくる思いはあっても、さりげなく呑みこんで、やおら横丁の闇に折れこんだ。

あとがき

世界に数あることばのなかで、日本語は独特の一つの言い方がある。ごく簡単なことで、子どもの頃から使ってきた。そして子ども心に不思議に思った。

たとえばカリカリとガリガリである。コリコリとゴリゴリ、ハラハラとバラバラ。同じく食べるにしても、カリカリ食べるのとガリガリ食べるのとは、食べ物から食べ方、歯の当たりぐあいまでちがってくる。コリコリ食べるときの口元とゴリゴリ食べるときの口のぐあいは、あきらかにちがっている。ハラハラとバラバラは、使われる状況がまるきりべつなのだ。これほど単純な表現で、こんなに微妙な相違を言い表わせるケースは、世界的にみても珍しいのではあるまいか。

ねちねちとねちゃねちゃは、どうちがうのか。幼いころ、異能の芸人トニー谷の「ねちょリンコン」を聞いて、理由はわからないままに、子どもが知ってはいけないことを耳にしたような気がした。評判のことばは、たいてい口まねをしたが、「ねちょリンコン」はまねしなかったし、まねするやつを軽蔑した。

ことばの本というと、きまって名句や成句や名言が素材になるが、ここでは何でもない日常語を扱っている。うるさいのを「うるさい」というのはどうしてか？ せせるとしゃぶるは何が、どうちがうのだろう。かぶれるのはヘンな事態だが、「かぶれる」という言い廻しも、考えてみるとヘンである。パンツはいいとしてズロースに、どうして心がトキメくのだろう？

多くが子どものときから気になっていた。子どもをバカにしてはいけない。それはしばしば、おとなたちが口にしないホンネをつたえている。『子どもの替え歌傑作集』という本で知ったのだが、「僕は軍人大好きよ　今に大きくなったらば」を、子どもは替え歌という「逆行の発想」でこたえたらしい。「ぼくは軍人大きらい　いまに小さくなったらば――」勲章などつけないし、大いばりで馬に乗ったりしない。「おっかさんに抱かれてチチ飲んで　一銭もらってアメ買いに」

そんなに痛烈でなくても、手あかにまみれたことばを、皮をむくようにして更新する方法をよく知っていた。「でたでたつきが」は、たださかさまにすればいい。すると、こんなに新しい。たでたでがきつ　いるまいるま　いるまんま！

ことばを引きなれた辞書にもどしながら、それが印象深く記憶にのこった一つの局面をたどってみた。何でもないことばが、ことのほか意味深くなる。石に刻んだ名言は磨滅するが、日常語はみだらでワイザツな日常を生きて名言に一歩もひかない。そんな誇り高いことばたちに、小さなパレードをさせてみた。

そんなことば遊びができたのも、あげて亜紀書房の内藤寛さんのおかげである。ここにあらためて感謝を述べておきたい。

二〇一九年四月

池内　紀

付記

ここに登場することばたちのうち、「アルファベット」、「三角乗り」、「のろま」、「なかじきり」、「ワニの涙」、「シラミとノミ」は雑誌に請われて書いたものである。メモをつける習慣がないので、今となっては誌名も掲載年号もわからない。おおかたが休刊になったり、廃刊になったことは覚えている。可哀そうな孤児たちに住居ができてよろこんでいる。

本書は、亜紀書房ウェブマガジン「あき地」二〇一七年二月〜二〇一八年八月にわたり連載したものに加筆し、書き下ろしなどを加えてまとめたものです。

ことば事始め

2019年6月21日　第1版第1刷発行

著者　池内紀

発行所　株式会社亜紀書房
〒101-0051
東京都千代田区神田神保町1-32
電話(03)5280-0261
振替00100-9-144037
http://www.akishobo.com

装幀　平野甲賀

イラスト　池内紀

DTP　コトモモ社

印刷・製本　株式会社トライ
http://www.try-sky.com

Printed in Japan

好評既刊　エッセイ集

酒と人生の一人作法

太田和彦

70すぎたら愉しくなった――「老後」を受け入れて初めて、大切なものが見えてくる。粋と喜びに彩られた「オオタ式」享楽人生論。

生きていくうえで、かけがえのないこと

吉村萬壱

休む、食べる、嘆く、忘れる……わたしを立ち止まらせる25の人間のすがた。芥川賞作家による初のエッセイ集。

うつぼのひとりごと

吉村萬壱

いびつで不完全で、だからこそ愛おしい「人間」。暗い深みへと惹かれていくダイビング、ゴミ捨て場漁りの愉しみ、幼い頃の、つぐなうことのできない「失敗」……。芥川賞作家が日常の奥にひそむ「世界のありのまま」をみつめる。

若松英輔のエッセイ集

最新刊

種まく人

通勤途上の橋の上に住む初老の男性がある日亡くなった。そこにはだれともなく、大きな花が飾られ、続いてさまざまな捧げものが次々と供えられていった……。
日々のなかで出会う「言葉なき人々」に思いを寄せるエッセイと詩。

言葉の贈り物

言葉の羅針盤

生きていくうえで、かけがえのないこと

常世の花　石牟礼道子